Nathan N. Maalu

Le culte personnel

Nathan N. Maalu

Le culte personnel

Dans la chambre de l'intimité avec Dieu

Éditions Croix du Salut

Cover image: www.ingimage.com

Publisher:
Éditions Croix du Salut
is a trademark of
Dodo Books Indian Ocean Ltd. and OmniScriptum S.R.L publishing group

120 High Road, East Finchley, London, N2 9ED, United Kingdom
Str. Armeneasca 28/1, office 1, Chisinau MD-2012, Republic of Moldova, Europe
Printed at: see last page
ISBN: 978-620-6-16784-6

LE CULTE PERSONNEL

Dans la chambre de l'intimité avec DIEU

NATHAN N. MAALU

LE CULTE PERSONNEL

Dans la chambre de l'intimité avec DIEU

Le temps de chanter est arrivé, Père,
Plonge mon cœur dans tes profondeurs,
Rapproche mon oreille près de ton cœur.

Je dédie ce livre avec amour à ma tendre épouse
Christelle N. Mokando qui a toujours été là. Je t'aime mon amie.
Tu es un don du ciel.

REMERCIEMENTS

Ecrire ce livre m'a aidé moi-même à considérer différemment mon culte personnel. J'ai beaucoup apprécié l'orientation de Dieu dans la rédaction de ce livre. Sans l'aide de ces personnes, j'aurais été incapable de le finir.

Mon Seigneur Jésus, celui dont le nom est un doux parfum qui se répand sur ce livre. Il est la source de l'inspiration, le véritable auteur et le premier consommateur de ce livre.

Crispin MAALU BUNGI, mon père de qui j'ai eu le goût d'écrire. Sa présence, son soutien, son encouragement, ses conseils sont précieux pour moi. Sa correction sur chaque page a été impressionnante et a contribué à améliorer ce livre.

Pasteur Antoine LUKUAMUSU, mon père spirituel auprès de qui j'ai reçu enseignements, sagesse, le fondement, auprès de qui j'ai découvert mon appel et me suis engagé à servir dans le champ. Il est un modèle d'un ministre selon la Bible.

Pasteur Serge KALOTSHI, plus qu'un frère pour moi. J'ai toujours compté avec lui, il a toujours dit oui à mes sollicitations, je lui suis reconnaissant d'avoir pour moi ce que je n'ai pas.

Pasteur Athom's MBUMA, un modèle et un mentor en ce qui concerne le culte. Sa disponibilité malgré ses multiples engagements a touché le fond de mon cœur. Son apport a donné une autre dimension à ce livre et son commentaire a été un grand encouragement.

Pacheco BOMBAY, mon ami et mon frère, il a toujours été là sur tous les projets depuis le départ. Il a gardé un œil sur l'avancement du travail et a toujours été heureux de discuter, parfois longuement sur ce sujet. Il remarquait également quand j'avais tendance à me relâcher et me taquinait si nécessaire. Merci bro !

Daddy FUNDI, merci pour tous les conseils techniques sans lesquels ce manuscrit serait resté dans les tiroirs.

L'Eglise La Porte des Brebis, merci de la présence et de l'encadrement, ils ont donné une orientation à mon appel, c'est auprès d'eux que j'ai tout appris.

Mes équipes PWM, EFAProg Group, leur présence m'est précieuse.

Jonathan KIRONGOZI et Franc, les designers, merci pour tout le travail fait.

Ma famille, ils m'ont apporté comme toujours un magnifique soutien, ils ont tous des meilleures places dans mon cœur.

Pour finir, Christelle N. MOKANDO, ma tendre épouse, mon étoile dans la nuit, mon autre moi, celle qui est là pour voir ce que tout le monde ne voit pas. Elle est un encouragement, une aide satisfaisante, celle qui a les mots qui me gardent éveillé et debout. Merci d'accepter le sacrifice et de tout traverser à mes côtés.

PREFACE

Je suis reconnaissant envers le Révérend Nathan N. MAALU pour l'honneur qu'il me fait de préfacer son ouvrage. Cette opportunité m'a permis d'en faire la lecture avant sa publication. Un privilège. Aussi une redécouverte, personnellement. J'aurais aimé avoir en ma possession pareille littérature chrétienne avant mon engagement en tant que jeune chrétien. Cela m'aurait certainement évité les nombreux tâtonnements, les différentes tentatives, les essais et erreurs voire quelques échecs rencontrés dans la mise en place d'un rendez-vous individuel, programmé, avec DIEU. Il m'a fallu des années pour y parvenir après beaucoup d'efforts, avec des résultats en dents de scie, pas toujours évidents. Ce livre n'est donc pas de trop. Et il n'arrive pas trop tard, heureusement.

Ce livre nous invite à l'intimité. A sortir du général pour le personnel. Du superficiel pour les profondeurs. Il expose des principes simples et efficaces. Il donne des clés pour transformer le temps de prière en une expérience individuelle, riche d'intimité avec DIEU. C'est une exhortation à construire un lien incassable et inusable, une relation de confiance, solide et de qualité. Il traite de manière abordable, réaliste, de tous les aspects de cette relation sans omettre de toucher aux problèmes, obstacles et difficultés que rencontre tout chrétien dans la mise en place d'un rendez-vous avec Son Créateur. C'est une occasion donnée à chacun de se plonger dans le bain de l'amitié la plus fiable et la plus sûre qui puisse exister et d'en être immergé.

Au fil des pages tout prend forme dans cette pratique où DIEU retrouve Sa place de choix, au cœur de nos vies. La Parole s'installe. Le SAINT-ESPRIT aussi assure Son rôle principal de Directeur. DIEU se révèle dans toutes Ses dimensions. Nous discernons l'immensité de l'Amour de DIEU, Notre Père, la grâce de nous promener dans La Parole qui permet au SAINT-ESPRIT de faire le guide comme lors d'une visite où les explications données par Celui qui maîtrise le lieu permettent de s'émerveiller devant la beauté et la vérité qui s'en dégagent.

« Le culte personnel » est un ouvrage qui nous propose un antidote contre la sécheresse dans tous les aspects de notre vie. C'est une guerre contre la tradition et le conformisme. En avançant dans la lecture, nous apprenons comment nous laisser transformer par la pensée de DIEU étant à Son contact. Les pensées mondaines d'aujourd'hui ne nous affectent plus, du moins, nous y renonçons facilement parce que nous sommes connectés à la source de vie, de joie, de paix. La vie devient jubilation et non poison.

L'auteur nous plonge au cœur d'une relation étroite, vraie, authentique avec DIEU et nous convie à aller puiser aux sources profondes, intarissables et inépuisables de sagesse et de vie dans un face à face des cœurs qui s'attachent et fusionnent dans une communion et une unité véritables. Il nous invite à colorer notre vie et d'en faire un miroir dans lequel nos contemporains verront le reflet de la gloire de DIEU.

Le culte personnel nous ramène à une décision : la démarche de s'approcher de DIEU pour L'écouter. Décision et démarche qu'il nous incombe d'initier.

De tout temps, DIEU a toujours désiré avoir l'homme, chef-d'œuvre de Sa création, dans Sa présence. Depuis le départ Il a toujours voulu entretenir une proximité avec ce dernier. C'est ainsi que le récit du commencement, à la création, nous révèle que DIEU venait visiter l'homme pour s'entretenir avec lui et partager sur ce qui se passait. DIEU faisait le pas vers l'homme, prouvant Son souhait de rester en contact avec lui dans une relation personnelle et intime et de ne pas rompre la communication. Aujourd'hui encore DIEU fait toujours Sa part et attend de nous de faire la nôtre, sans nous forcer ni nous contraindre. Il attend que nous fermions la porte de notre chambre et que nous L'y rejoignions. Il veut que nous le fassions librement et Le retrouvions où Il nous a précédés et nous attend pour nous livrer Ses secrets. Il veut remplir nos vies de Son Amour bienveillant et couronner de succès nos entreprises. Le culte personnel est la réponse à cette attente et à cet appel de DIEU.

Je fais une prière : que ce livre aide un chrétien à s'approcher de DIEU, non pour demander, mais d'abord pour s'offrir lui-même et offrir à DIEU sa vie. Renoncer à sa volonté et laisser «DIEU prendre la parole en premier pour mener la causerie» afin de vivre la volonté parfaite de DIEU. L'aider à faire tomber les barrières, les limites en prenant chaque jour rendez-vous avec Son DIEU, avant de commencer sa journée, pour exposer, par sa vie, la présence constante de DIEU afin que soit manifesté l'éclat de Sa gloire.

Puisse la lecture de ce livre vous faire du bien, autant qu'il m'en a fait.

Serge KALOTSHI, Kinshasa, août 2019.

CHAPITRE I : INTRODUCTION

Depuis le commencement, Dieu avait voulu avoir une relation particulière avec l'homme. Il a créé l'homme à son image et lui a donné ce qu'il lui fallait pour être en mesure de parler avec Lui. Il a mis dans l'homme le besoin de Dieu, un vide qui ne peut être comblé que par une relation intime et étroite avec Lui. Ainsi, l'homme ne peut se passer de sa relation avec Dieu.

Dans le but de chercher à combler ce vide, plusieurs sont allés ailleurs se trouver et se fabriquer des dieux incapables de combler ce vide que Dieu Lui-même a créé à sa taille. Et lui-même va révéler à l'homme un moyen pour établir et entretenir la relation de l'homme avec Lui, c'est le culte.

Par le culte, l'homme parle avec Dieu, il Le vénère, L'honore, Lui donne une place de choix dans son cœur et plus encore, il rend plus profonde sa relation avec Lui, la développe t la rend plus intime.

Dans l'ancienne alliance, Dieu a donné plusieurs recommandations pour que le culte Lui soit agréable, le lieu du culte et le moment du culte. Mais dans la nouvelle alliance que Jésus a inaugurée, le culte peut se faire n'importe où et n'importe quand, il se fait en esprit et en vérité.

Le culte est en réalité la vie du chrétien, toute sa vie devient un culte car à chaque instant il vénère Dieu, L'honore, Lui donne une place de choix dans ce qu'il fait, il vit en allant de plus en plus en profondeur dans sa relation avec Dieu.

L'homme peut parler avec Dieu en marchant, en faisant le marché, en conduisant sa voiture, en parlant avec quelqu'un d'autre, à tout moment et n'importe où il peut converser avec lui. Cependant, l'homme a besoin d'un moment où il se concentre sur Dieu, où il se met à l'écart pour parler seul avec Lui. C'est ce moment qui lui permet de garder la conscience de la présence Dieu pour parler avec Lui durant toute la journée.

Dieu nous invite à avoir ce moment que nous appelons «Le culte personnel» dans la chambre de l'intimité avec Lui où nous fermons la porte après nous pour n'entendre que Lui, ne voir que Lui, pour mieux L'aimer, Le connaître et vivre avec Lui.

Le premier chapitre de ce livre définit le culte personnel. Il parle de ce que les autres auteurs pensent du culte personnel.

Le culte personnel est un moment de croissance, de transformation, de changement, un instant de gloire anticipée, de préparation quotidienne.

Le deuxième chapitre propose une subdivision en parties du culte personnel pour ceux qui sont encore des bébés comme les appelle l'apôtre Paul.

Le troisième chapitre donne les avantages suivants du culte personnel, rendre culte à Dieu, développer notre intimité avec Dieu, connaître les pensées et voies de Dieu, puiser une nouvelle dose de la gloire pour de plus en plus ressembler à Dieu et développer la vie intérieure.

Le quatrième chapitre parle du culte agréable, le culte que Dieu agrée, il parle aussi des obstacles au bon culte, de la soif de Dieu comme la bonne attitude pour un culte agréable et de la consécration comme le cœur du culte personnel.

Le cinquième chapitre montre comment maintenir la conscience de la présence de Dieu durant toute la journée. Prier intérieurement, méditer tout au long de la journée la Parole de Dieu et chanter des cantiques pour Dieu sont les éléments qui nous aident à maintenir la conscience de la présence de Dieu.

Ce livre s'adresse à tous les enfants de Dieu, tous ceux qui désirent entretenir une relation intime avec Dieu. Il les invite à répondre régulièrement à ce rendez-vous sacré de culte personnel dans la chambre de l'intimité avec Dieu.

CHAPITRE II : QU'EST-CE QUE LE CULTE PERSONNEL ?

1. Le culte personnel, le rendez-vous qu'un homme prend avec Dieu

Psaume 90, 14 : « ***Rassasie-nous chaque matin de ta bonté, et nous serons toute notre vie dans la joie et l'allégresse.*** »

Psaume 143, 8 : « ***Fais-moi dès le matin entendre ta bonté ! Car je me confie en toi. Fais-moi connaître le chemin où je dois marcher ! Car j'élève à toi mon âme.*** »

Le culte personnel est le rendez-vous qu'un homme prend avec DIEU, un rendez – vous où un homme est seul en prière, contrairement au culte que nous faisons en groupe. Dans la plupart des cas, il se fait tôt le matin avant de commencer la journée. L'homme se tourne vers Dieu en qui il a placé toute son espérance. Il se sait faible et a besoin de la force de Dieu. Il se connaît vulnérable, il a recourt à la vigueur de Dieu. Il vient puiser au puits de la grâce car il sait que ses efforts sans Dieu seront inutiles pour plaire à Dieu, pour atteindre ses objectifs de la journée, pour accomplir la mission divine. Il va en prière pour commencer la journée avec Dieu, marcher avec lui et la terminer avec lui. C'est ici l'expression d'une dépendance à DIEU. Il lève les yeux vers le ciel car il a besoin de Dieu, tel une terre aride qui attend l'eau du ciel, une biche qui soupire après des courants d'eau.

Le psalmiste avait compris qu'il avait besoin de Dieu chaque matin ; avant de vaquer à ses occupations, il devait aller auprès de Dieu, la véritable source, pour puiser Ses bontés renouvelées et Sa grâce. Il savait que pour connaître la joie et l'allégresse, pour connaître le chemin où il devait marcher, il devait dès le matin se confier en Dieu et élever vers Lui son âme au moyen du culte personnel.

Le culte personnel devient un moment qui nous prépare à commencer la journée avec la pensée du Seigneur. « ***Un peuple sans révélation est un peuple sans frein*** » (Prov. 29, 18). Nous avons besoin de la révélation, de l'inspiration, de la pensée et des directives du Seigneur pour commencer la journée.

Le culte personnel est donc une occasion de demander le partenariat divin et le conseil par excellence. Il n'y a pas meilleur partenaire que celui qui maîtrise tous les paramètres de la vie, qui sait en avance toutes les circonstances de la journée avant qu'elles n'arrivent. Il nous prépare à saisir les opportunités, à relever les défis, Il nous sonde et nous connait, Il sait quand nous

nous asseyons, quand nous nous levons, Il pénètre de loin nos pensées, Il sait quand nous marchons et quand nous nous couchons, Il pénètre toutes nos voies. La parole n'est pas sur la langue, Il la connait entièrement. Il nous entoure par derrière et par devant, Il met Sa main sur nous. Rien ne Le surprend, Il a le conseil parfait dont nous avons besoin.

Le culte personnel est un moment d'intimité avec Dieu, nous lui ouvrons notre cœur et lui nous ouvre le sien, à deux nous partageons les secrets du cœur. Notre profondeur appelle sa profondeur.

Il est important pour son culte personnel de définir un temps et un lieu précis pour ce rendez-vous quotidien qui approfondit et rend plus intime notre relation avec Dieu. Le meilleur moment est celui où nous sommes en meilleure forme. Donnons à Dieu la meilleure partie de notre journée, celle où nous sommes le plus frais et alertes. N'essayons pas de Lui refiler notre surplus de temps[1]. Considérons ce temps comme un temps précieux, délicat, agréable que nous passons en compagnie de notre bien-aimé. Pendant ce temps, tous les mots sont comme du miel qui coule de nos deux cœurs où nous laissons Dieu nous introduire dans ses secrets sans tenir compte du temps, des circonstances que nous vivons, nous n'avons le temps de n'être conscient que de Sa présence. Il n'y a que lui devant nous. Rien et personne d'autre. Sa gloire se répand sur nous et nous sommes enveloppé de son amour. L'endroit choisi doit nous permettre d'être tranquilles. Ce doit être un endroit où nous pouvons être seul et où nous ne serons pas dérangé ni interrompu[2].

Dans le culte personnel, nous parlons à Dieu, nous répandons nos cœurs devant lui et lui nous répond par sa parole. Nous le rencontrons au travers de sa parole.

2. Ce que pensent les autres auteurs du culte personnel

Le culte personnel est très important au point d'avoir inspiré des pensées à quelques auteurs célèbres notamment :

Bernard Huck : *« Le culte personnel, ce temps de recueillement quotidien traditionnellement consacré à la lecture de l'Écriture et à la prière, est une véritable pierre d'angle de la*

[1] Rick Warren, Méthodes d'Etude de la Bible, p. 222.
[2] Rick Warren, Méthodes d'Etude de la Bible, p. 225.

spiritualité évangélique, baromètre favori de notre consécration à Dieu, le culte personnel fait partie intégrante de la vie chrétienne normale telle que nous la concevons généralement. »[3]

Alfred Kuen : *« C'est le privilège de tout croyant, en tant que sacrificateur du Très-Haut, de pouvoir célébrer chaque jour son culte personnel. Le culte en commun sera riche et béni dans la mesure où chaque participant puisera dans son culte personnel ce qu'il partagera avec les autres le dimanche. »*[4]

Bethany Baird : *« Le culte personnel, c'est vraiment un truc que j'aime tellement. Je rentre dans ma chambre, je me mets à genoux, et je loue le Seigneur ! Ces moments sont tellement importants et précieux pour moi. Être toute seule avec Dieu. C'est la partie de la journée que je préfère. Je ne sais pas comment je survivrais si je ne le faisais pas. »*[5]

Martin Luther répond à son ami barbier Peter Beskendorf qui lui demande comment il prie : *« Un barbier habile, lorsqu'il est en train de faire la barbe à un client, doit fixer toute son attention sur le rasoir et la barbe. S'il ne fait que parler, regarder ailleurs ou penser à autre chose, il risque fort d'entailler la bouche ou la gorge de son client. Ainsi, pour faire quelque chose de bien, il faut y impliquer tout son être. Comme on dit : Celui qui pense à trop de choses ne pense à rien et n'accomplit rien de bon ! A plus forte raison, la prière, pour être une bonne prière, doit-elle être seule à occuper totalement le cœur ! »*[6] Le même Luther écrit par ailleurs : *« Il est bon que la prière soit notre première et notre dernière occupation de la journée. Il faut écarter la pensée fausse et trompeuse suivante : "Attends un peu; dans une heure ou plus, tu prieras. Termine d'abord ceci ou cela." Si nous accueillons cette pensée, la journée se passera à l'accomplissement de tâches diverses sans que nous priions. »*[7] Il conclut ensuite : *« Prier ne signifie pas seulement parler, mais aussi rester silencieux et écouter »*[8]. Pour lui donc, la prière n'est pas à sens unique, mais à double sens. Il parle à Dieu et Dieu lui parle, ce qui est encore plus important.

Rick Warren dit à son tour : *« Plus nous passons de temps avec Dieu, plus son image se forme en nous. Si nous passons du temps devant la télévision, nous finissons par ressembler à ceux que nous regardons. Si nous passons du temps à étudier la Parole de Dieu et à prier, notre*

---

[3] https://dominiqueangers.toutpoursagloire.com
[4] http://www.servir.caef.net/?p=6735
[5] https://www.gospelmag.fr/blog/5-astuces-pour-tirer-le-meilleur-de-son-culte-personnel
[6] https://evangile21.thegospelcoalition.org/book-review/culte-personnel-selon-martin-luther/
[7] https://evangile21.thegospelcoalition.org/book-review/culte-personnel-selon-martin-luther/
[8] https://evangile21.thegospelcoalition.org/book-review/culte-personnel-selon-martin-luther/

caractère est façonné par celui de Christ. Passez-vous chaque jour du temps avec Dieu ? Faites-le, ce sera la meilleure décision que vous ayez jamais prise. »[9]

3. Le culte personnel, un moment de croissance, de transformation, de changement.

« ***Environ huit jours après qu'il eut dit ces paroles, Jésus prit avec lui Pierre, Jean et Jacques, et il monta sur la montagne pour prier. Pendant qu'il priait, l'aspect de son visage changea, et son vêtement devint d'une éclatante blancheur. Et voici, deux hommes s'entretenaient avec lui: c'étaient Moïse et Élie, qui, apparaissant dans la gloire, parlaient de son départ qu'il allait accomplir à Jérusalem. Pierre et ses compagnons étaient appesantis par le sommeil ; mais, s'étant tenus éveillés, ils virent la gloire de Jésus et les deux hommes qui étaient avec lui. Au moment où ces hommes se séparaient de Jésus, Pierre lui dit : Maître, il est bon que nous soyons ici; dressons trois tentes, une pour toi, une pour Moïse, et une pour Élie. Il ne savait ce qu'il disait. Comme il parlait ainsi, une nuée vint les couvrir ; et les disciples furent saisis de frayeur en les voyant entrer dans la nuée. Et de la nuée sortit une voix, qui dit : Celui-ci est mon Fils élu: écoutez-le! Quand la voix se fit entendre, Jésus se trouva seul. Les disciples gardèrent le silence, et ils ne racontèrent à personne, en ce temps-là, rien de ce qu'ils avaient vu.*** » (Luc 9, 28-36) Pour la plupart des commentateurs de la Bible, cette scène de la transfiguration préfigurait la gloire future de Jésus. A la montagne, en prière, Jésus est transformé, son visage est changé et ses vêtements sont devenus d'une éclatante blancheur, il a manifesté la gloire de son futur règne. Dans la transfiguration, son aspect intérieur s'est manifesté à l'extérieur. Les vêtements blancs, une promesse faite à l'Eglise au travers de la lettre à l'église de Sardes : « ***Cependant tu as à Sardes quelques hommes qui n'ont pas souillé leurs vêtements; ils marcheront avec moi en vêtements blancs, parce qu'ils en sont dignes. Celui qui vaincra sera revêtu ainsi de vêtements blancs ; je n'effacerai point son nom du livre de vie, et je confesserai son nom devant mon Père et devant ses anges.*** » (Apocalypse 3, 4-5).

Dieu nous revêtira des vêtements blancs d'une éclatante splendeur lors de son retour. Cependant au travers de la vie de prière, Dieu peut nous faire vivre cette expérience sur la terre : marcher avec des vêtements blancs qui sont les œuvres justes des saints.

---

[9] https://www.topchretien.com/la-pensee-du-jour/le-culte-personnel-un-privilege/

L'apôtre Jean dit : « ***Bien-aimés, nous sommes maintenant enfants de Dieu, et ce que nous serons n'a pas encore été manifesté ; mais nous savons que, lorsque cela sera manifesté, nous serons semblables à lui, parce que nous le verrons tel qu'il est. Quiconque a cette espérance en lui, se purifie, comme lui-même est pur.*** » (1 Jean 3, 2-3).

Ces versets montrent que nous devenons ce que nous voyons, comme aujourd'hui nous ne savons le voir parfaitement tel qu'il est dans sa plénitude, nous ne pouvons atteindre la perfection qu'il a. Lorsque le Christ paraîtra, nous serons semblables à lui, revêtus de cette éclatante blancheur et de cette rayonnante splendeur, car nous le verrons tel qu'il est. Présentement nous manifestons une sainteté à la mesure de ce qu'il nous montre. Nous ne vivons pas encore la parfaite sainteté mais nous goûtons à la vie de sainteté.

L'apôtre ajoute en disant que ceux qui ont cette espérance se rendent eux-mêmes purs, tout comme le Christ est pur.

Comment se rendent-ils purs eux-mêmes ? C'est en allant vers le miroir de la parole de Dieu, vers la cuve d'airain tous les matins, tous les jours pour être changés, purifiés, sanctifiés, transformés par elle. « ***Nous tous qui, le visage découvert, contemplons comme dans un miroir la gloire du Seigneur, nous sommes transformés en la même image, de gloire en gloire, comme par le Seigneur, l'Esprit.*** » (2 corinthiens 3, 18)[10]

Jésus, sur la montagne s'entretenait avec Moïse qui représente la loi et Eli qui représente les prophètes, la loi et les prophètes, c'est la parole de Dieu complète à l'époque de Jésus. Comme pour dire que nos moments de culte personnel deviennent des instants de transfiguration parce que nous entrons en contact avec la parole de Dieu qui nous transforme, nous sanctifie, nous purifie, nous fait grandir. Elle nous change, nous devenons de plus en plus semblable à Christ, ce que nous sommes intérieurement devient progressivement visible à l'extérieur.

A une période de ma vie, Dieu a placé à mes côtés un collègue qui, à première vue, était pour moi une occasion de chute, mais en réalité il était l'instrument de Dieu pour me tailler. L'aimer était difficile, le supporter et pardonner ses actes étaient un lourd fardeau. Lors de mes cultes personnels, Dieu ne cesser de me dire et de me répéter ceci : « ***Mais moi, je vous dis: Aimez vos ennemis, bénissez ceux qui vous maudissent, faites du bien à ceux qui vous haïssent, et priez pour ceux qui vous maltraitent et qui vous persécutent, afin que vous soyez fils de votre***

[10] Le terme grec qui est traduit par transfiguration est le même pour transformation qu'emploie l'apôtre dans ce verset. Il voulait dire que lorsque nous entrons en contact avec la parole de Dieu, nous connaissons aussi l'expérience de la transfiguration même si elle n'est pas visible physiquement.

Père qui est dans les cieux; car il fait lever son soleil sur les méchants et sur les bons, et il fait pleuvoir sur les justes et sur les injustes. Si vous aimez ceux qui vous aiment, quelle récompense méritez-vous ? Les publicains aussi n'agissent-ils pas de même ? Soyez donc parfaits, comme votre Père céleste est parfait. » (Matthieu 5, 44-48)

J'étais troublé par la phrase, « ***en quoi êtes-vous extraordinaire*** » (Matthieu 5, 47). Dieu voulait que je sois extraordinaire. Il m'a fallu revenir encore et encore à Ses pieds dans mes cultes personnels pour apprendre, comprendre et devenir extraordinaire en aimant ceux qui ne méritent pas d'être aimé.

4. Le culte personnel, un instant de gloire anticipée

« ***Je t'ai établi père d'un grand nombre de nations. Il est notre père devant celui auquel il a cru, Dieu, qui donne la vie aux morts, et qui appelle les choses qui ne sont point comme si elles étaient. Espérant contre toute espérance, il crut, en sorte qu'il devint père d'un grand nombre de nations, selon ce qui lui avait été dit: Telle sera ta postérité. Et, sans faiblir dans la foi, il ne considéra point que son corps était déjà usé, puisqu'il avait près de cent ans, et que Sara n'était plus en état d'avoir des enfants. Il ne douta point, par incrédulité, au sujet de la promesse de Dieu; mais il fut fortifié par la foi, donnant gloire à Dieu, et ayant la pleine conviction que ce qu'il promet il peut aussi l'accomplir***. » (Romains 4, 17-21)

Abraham rencontre Dieu au travers de sa parole. Par les promesses que Dieu lui fait, il est transformé, il vit comme possédant déjà la chose promise. Il ne considère pas que son corps est usé, qu'il a près de cent ans, que sa femme n'est plus en état d'avoir des enfants, il ne doute pas, il est plutôt fortifié par la foi, il croit, il voit déjà appeler père d'un grand nombre des nations, il loue Dieu, car il vit déjà la promesse d'une manière anticipée avant sa réalisation. L'espérance qu'a Abraham lui donne de vivre une gloire anticipée, une espérance contre toute espérance.

4.1. L'espérance

Du grec « Elpis » qui vient lui aussi d'un autre mot grec « Elpo » qui veut dire « Anticiper, souvent avec plaisir » ou « Attendre joyeusement et avec confiance et sûreté »[11].

[11] https://emcitv.com/bible/strong-biblique-grec-elpizo-1679.html

Anticiper qui veut à son tour dire devancer, faire d'avance, ou s'adapter par avance à ce qui va arriver.[12]

La chose n'est pas encore là mais la joie de la posséder la précède. Celui qui espère avoir une chose selon la Bible, c'est celui qui vit dans la joie comme possédant déjà la chose et qui s'adapte par avance à la vie nouvelle d'une personne qui possède déjà la chose. Entrer en contact avec la parole de Dieu ou la promesse de Dieu produit en nous l'espérance qui change nos vies. C'est ainsi qu'Abraham se faisait appeler père d'un grand nombre d'enfants alors qu'il n'en possédait aucun. L'espérance ne trompe point, elle est un niveau très élevé de préparation à la gloire qui va arriver. Ce n'est pas juste une attente passive mais plutôt une attente active car celui qui attend s'adapte à la gloire qui vient, il se met à vivre déjà cette gloire d'une manière anticipée. L'exemple le plus concret d'une attente active est celui d'un couple qui attend un enfant à naître. Ce n'est pas lorsqu'il voit l'enfant qu'il prépare son arrivée. Mais des mois avant, un nom est donné, une layette est prête, même la joie de l'avoir précède son arrivée.

Le chrétien qui attend le royaume des cieux s'adapte déjà à cette vie du royaume pendant qu'il est encore sur la terre. Esther s'attendait à être reine, tout comme les autres filles. Pour cela, elles ont été confiées à un eunuque qui connaissait très bien le roi, sa maison et ses coutumes afin de les habituer à cette vie de reine. Elles n'attendaient pas passivement mais elles attendaient en apprenant la vie de reine auprès des eunuques, elles goûtaient à la vie de reine avant même de le devenir.

Le chrétien aussi a été confié au Saint Esprit pour être préparé à la vie de Christ, celui-ci il le transforme jusqu'à produire en lui la vie de Christ, il le conduit à une vie semblable à celle de Christ. L'Epouse doit ressembler à l'Epoux pour une bonne vie de communion dans le royaume des cieux. L'Epouse, par le Saint Esprit, vit la vie de son Epoux d'une manière anticipée selon qu'il est écrit qu'il nous transforme en la même image que l'Epoux de gloire en gloire.

Le culte personnel est une occasion, un temps propice pour recevoir la révélation de la parole de Dieu qui produit cette espérance en nous.

« ***Cette espérance, nous la possédons comme une ancre de l'âme, sûre et solide; elle pénètre au-delà du voile.*** » (Hébreux 6, 19) L'auteur de l'épitre aux Hébreux compare l'espérance à une ancre ferme qui fait que le bateau ne puisse être emporté par le coup du vent et des vagues. Une personne qui a fait du culte personnel sa vie où il plonge son regard dans le miroir de la

[12] https://www.larousse.fr/dictionnaires/francais/anticipation/3984

parole de Dieu par la lecture et la méditation, agit avec fermeté, il n'est pas secoué, il ne peut être basculé, il ne peut chavirer dans sa foi car la parole produit en lui l'espérance qui est une ancre ferme qui le maintien malgré le vent, les vagues et les tempêtes de la journée, il vit comme possédant déjà la réalité de la parole de Dieu. Même face aux circonstances difficiles de la journée, malgré le vent et la tempête, il a la joie que lui procure la réalité de la parole de Dieu, il attend avec allégresse l'accomplissement de la parole de Dieu. Il est inébranlable.

4.2. Le chandelier dans le sanctuaire

« ***Que Dieu illumine les yeux de votre cœur, pour que vous sachiez quelle est l'espérance qui s'attache à son appel, quelle est la richesse de la gloire de son héritage qu'il réserve aux saints, et quelle est envers nous qui croyons l'infinie grandeur de sa puissance, se manifestant avec efficacité par la vertu de sa force.*** » (Ephésiens 1, 18-19)

Que Dieu illumine les yeux de votre cœur veut dire qu'il éclaire votre esprit ou qu'il éclaire votre âme.

« ***L'œil est la lampe du corps. Si ton œil est en bon état, tout ton corps sera éclairé ; mais si ton œil est en mauvais état, tout ton corps sera dans les ténèbres. Si donc la lumière qui est en toi est ténèbres, combien seront grandes ces ténèbres !*** » (Matthieu 6, 22-23)

Jésus explique en disant que les yeux, c'est la lampe du corps. Avoir les yeux illuminés, c'est avoir une lampe allumée. Et pour nous, avoir les yeux illuminés, c'est demeurer dans le sanctuaire, en présence du chandelier qui nous éclaire de la lumière de Dieu et non de celle du monde. La particularité dans le sanctuaire est qu'il n'y entre aucune lumière de l'extérieur, il est entièrement éclairé par la lumière du chandelier. C'est par cette lumière que nous voyons la lumière. Dans le culte personnel, nous sommes tellement envahis de la présence de DIEU que nous perdons conscience de tout. C'est la lumière de Sa Parole seule qui nous éclaire.

La forme de ce chandelier est celle d'un amandier, ce qui explique la vision de Jérémie. Il se voyait trop jeune pour être prophète des nations, mais en se tenant devant l'amandier, en présence du chandelier, ses yeux s'ouvrent, ses doutes disparaissent, ses peurs s'envolent, il se voit désormais comme le prophète des nations et non comme un enfant. Il n'attend pas de prophétiser devant les nations pour croire qu'il est prophète des nations, il vit la réalité de ce que Dieu lui a dit d'une manière anticipée. Il ne voit plus son âge, il a rencontré Dieu, le chandelier, sa parole l'a éclairé, lui a ouvert les yeux.

Pour nous voir nous-mêmes comme Dieu nous voit, si nous voulons découvrir la vérité sur nous-mêmes selon Dieu, savoir qui nous sommes réellement, celui que nous serons, nous avons besoin de nous approcher du chandelier. Là nous ne serons plus influencés par ce que le monde nous montre, et nous ne demeurerons plus dans les préjugés qui nous conditionnent.

Le jeune Gédéon avait une vision négative de lui-même. Il savait qu'il était le plus petit de la famille la plus pauvre en Manassé. Il se cachait comme plusieurs aujourd'hui se cachent et se privent de leurs droits parce qu'ils ont une mauvaise vision d'eux-mêmes. Quand Dieu les regarde, il ne voit pas ce qu'ils disent ou qu'ils pensent qu'ils sont, il a une vision d'eux différente de la leur.

Lors de nos cultes personnels, nous sommes éclairés par la lumière du chandelier, la mauvaise vision est remplacée par la vision qui vient de la révélation qu'apporte la lumière du chandelier. Nous voyons au-delà de ce que nous pouvons voir aujourd'hui. Les études nous tracent un chemin qui est souvent dans la logique du possible, alors que la présence de Dieu nous ouvre les yeux, nous montre un avenir imprévisible, et trace un chemin qui est souvent dans une logique de l'impossible. La présence de Dieu nous fait vivre dans le naturel et dans le surnaturel. Les disciples ont mangé avec Jésus des pains achetés au marché mais aussi des pains produits d'un miracle.

Gédéon, après s'être rassuré que c'est Dieu qui lui parlait, ressent déjà la joie d'un vaillant héros. Il n'a encore rien accompli, aucune victoire remportée mais Dieu lui fait goûter la réalité du vaillant héros au travers de la révélation qu'apporte la lumière du chandelier.

C'est l'effet que nous avons dans nos cultes personnels, le sentiment d'être riches alors que nous n'avons rien ; le sentiment d'être forts alors que nous sommes les plus faibles ; le sentiment d'être en bonne santé alors que nous sommes encore sur le lit d'hôpital.

Nous entrons dans le sanctuaire et nous nous tenons devant le chandelier lors de nos cultes personnels, toute lumière naturelle disparaît pour laisser place à la lumière du chandelier, nos yeux sont illuminés pour voir l'invisible, l'avenir, les choses cachées.

Du culte personnel, nous sortons avec la joie et l'allégresse, et nous sommes conduits en paix. Nous avons l'impression que nos montagnes, nos difficultés, nos combats, nos obstacles nous laissent passer et tout notre entourage bat des mains pour nous et nous acclame, nous vivons une gloire anticipée. Il n'y a plus d'épines, ni des ronces, ni d'amertumes, ni de blessures, ni de tristesse dans nos cœurs, à la place nous avons l'allégresse, une gloire anticipée tout au long de la journée. Ce que nous entendons et voyons dans la présence du chandelier nous fait goûter à la gloire parce que nous quittons la dimension humaine pour un temps et entrons dans la dimension divine, nous quittons le temps pour l'éternité d'une manière anticipée car il peut nous arriver de voir le présent, le passé et l'avenir et même l'éternité si Dieu nous fait grâce.

Dans cette dimension divine, le jeune David peut déclarer qu'il ne manquera de rien alors qu'il n'était pas encore roi. C'est là qu'Abraham peut changer son nom et se faire appeler d'un nom qui est le contraire de sa réalité. C'est cette dimension qui redonne l'appétit et le sourire à Anne alors qu'elle n'avait pas encore conçu.

Un instant de gloire anticipée dans la présence de Dieu, nous y accédons au moyen de nos cultes personnels.

5. Le culte personnel, un moment de préparation quotidienne

5.1. Une préparation quotidienne pour l'éternité

Ecclésiaste 3, 11

LSG (version Louis Segond) : « ***Il fait toute chose bonne en son temps ; même il a mis dans leur cœur la pensée de l'éternité, bien que l'homme ne puisse pas saisir l'œuvre que Dieu fait, du commencement jusqu'à la fin.*** »

BDS (version Bible Du Semeur) : « ***Dieu fait toute chose belle en son temps. Il a implanté au tréfonds de l'être humain le sens de l'éternité. Et pourtant, l'homme est incapable de saisir l'œuvre que Dieu accomplit du commencement à la fin***. »

Tout chrétien devrait à son réveil être confronté à la réalité de l'éternité parce que chaque jour peut nous faire quitter le temps pour l'éternité. La fin de toute chose ou la fin de tout homme peut arriver à n'importe quelle heure ou n'importe quel jour.

Jésus disait que personne ne connaît ni l'heure, ni le jour. Chaque matin en quittant le sommeil, nous devons avoir la pensée de l'éternité et l'entretenir en nous afin de nous y préparer.

Le culte personnel est un moment quotidien de préparation pour le grand rendez-vous dans les airs.

Pour nous chrétiens, la mort ne nous fait pas peur car nous avons l'espérance d'une éternité aux côtés de Dieu, la mort ne sera pour nous qu'une porte qui nous y introduit. Le chrétien attend ce jour où il s'en ira, où il quittera ce monde pour aller voir son sauveur. Il est semblable à une épouse qui attend impatiemment son époux qui vient la chercher. Elle l'attend bien habillée comme une fiancée qui veut plaire à son fiancé.

Nous n'attendons pas n'importe comment, nous attendons en nous préparant afin que quand viendra la fin du voyage, la dernière station, nous nous en allions sans tache, ni ride, saints et irrépréhensibles.

Et la bonne attitude d'une personne qui attend, nous la développons dans la présence de Dieu par la dévotion de chaque jour. Le culte personnel, ce moment de préparation où l'époux parle à son épouse pour lui donner ses recommandations, lui révéler sa volonté, ce qui lui fait plaisir, lui confie aussi des tâches à faire de manière à ce que quand il sera là, il la trouve telle qu'il la veut.

Le culte personnel est donc comparé à ce moment où le sacrificateur s'approche du sanctuaire, il voit la porte qui va s'ouvrir à lui mais il sait aussi qu'il ne peut pas entrer n'importe comment dans la maison de Dieu, il doit se préparer en allant vers la cuve d'airain, le lieu de préparation.

Devant la cuve d'airain, nous regardons la porte à l'entrée du sanctuaire. Cette porte en tissu qui est de quatre couleurs, le pourpre, le rouge ou l'écarlate, le bleu et le blanc ou le fin lin. Le pourpre parle de la royauté, le rouge parle du sacerdoce, le bleu parle du ciel et le blanc parle de la sainteté.

1 Pierre 2, 9.

LSG : « ***Vous, au contraire, vous êtes une race élue, un sacerdoce royal, une nation sainte, un peuple acquis, afin que vous annonciez les vertus de celui qui vous a appelés des ténèbres à son admirable lumière***. »

BDS : « ***Mais vous, vous êtes la race choisie, la communauté des prêtres du Roi, la nation sainte. Vous êtes le peuple que Dieu a choisi pour annoncer les grandes choses qu'il a faites. Il vous a appelés à sortir de la nuit, pour vous conduire vers sa lumière magnifique***. »

PDV (version Parole De Vie) : « ***Mais vous, vous êtes une race élue, une communauté des roi-prêtres, une nation sainte, un peuple que Dieu a libéré pour que vous célébriez bien haut les œuvres merveilleuses de celui qui vous a appelés à passer des ténèbres à son admirable lumière***. »

Nous sommes ce peuple que Dieu a choisi pour entrer dans cette maison car nous répondons aux exigences de la maison. Nous sommes des prêtres-roi, une nation sainte pour entrer dans un tabernacle qui n'est pas de ce monde mais du ciel.

Notre destinée finale, c'est cette maison de gloire, elle est notre espérance. Nous l'attendons avec confiance car elle nous a été promise et elle est notre héritage. C'est notre espérance, l'entrée dans ce lieu de rencontre, de rendez-vous éternel pour l'éternité. Nous étions sans espérance avant mais maintenant nous en avons une et elle nous influence et nous conditionne. A cause de cette espérance, nous ne vivons plus comme avant car nous devons être prêts pour ce grand rendez-vous.

« ***Quiconque a cette espérance en lui se purifie, comme lui-même est pur***. » 1 Jean 3, 3.

Ce qui nous pousse vers la cuve d'airain tous les matins, c'est l'espérance d'entrer dans la maison de gloire. Avant que le jour se lève, nous nous approchons de la cuve d'airain pour nous laisser dans les mains de celui qui nous lave, nous oint, nous habille, nous prépare à la rencontre avec l'époux dans la maison de gloire. Pas question que nous manquions à ce grand rendez-vous, nous devons être prêts ce jour-là.

Cette espérance de le voir un jour, cette attente nous entraîne à la cuve d'airain où nous pouvons nous voir tels que nous sommes et surtout tels que Dieu voudrait nous voir.

La cuve d'airain devant laquelle nous nous tenons dans nos cultes personnels, c'est la Parole de Dieu qui nous montre notre misère, notre état devant Dieu et nous montre l'image du Christ à qui nous devons ressembler. Dans son entièreté, la Parole de Dieu parle d'un homme qui est, non seulement notre sauveur, mais aussi notre modèle, notre référence, à qui nous devons ressembler, Jésus-Christ.

Dans nos cultes personnels, nous plongeons nos regards dans un miroir. Un miroir qui ne reflète pas que notre apparence mais qui va jusque dans les coins et recoins de nos cœurs et révèle tout pour nous purifier et nous transformer en la même image que le maître. Ce miroir renouvelle notre intelligence, il nous introduit dans une autre réalité différente de celle que nous connaissons. Il nous ouvre les yeux pour connaître les mystères sur Dieu, et sur mous mêmes, sur le royaume des cieux et sur notre relation avec Dieu et les autres. De la même manière qu'un miroir fonctionne avec le principe de la lumière. Plonger ses regards dans le miroir, c'est laisser les yeux de nos cœurs s'illuminer, c'est recevoir la révélation, c'est acquérir une connaissance qui change nos vies. Le miroir nous éclaire pour que nous sachions quelle est l'espérance qui s'attache à notre appel et la richesse de la gloire de l'héritage que Dieu nous réserve. Nous voyons l'invisible qui nous maintient fermes dans ce que nous connaissons, fermes dans la foi que nous professons, fermes dans notre marche. L'invisible que nous voyons est constitué d'un tas d'éléments qui sont notre héritage. Nous vivons dans l'espérance de les voir. Cette même espérance, Abraham la possédait et elle l'a conduit à demeurer sous des tentes alors qu'il était dans sa terre promise. Il croyait en une autre terre promise, mieux que celle où il vivait, une cité céleste, un édifice royal, une demeure qui a des fondements éternels. Le miroir nous fait miroiter les promesses éternelles. Lui et ses héritiers possédaient leur terre promise mais ils s'y sont établis comme des étrangers, sachant qu'un jour ils hériteront les promesses éternelles, ils entreront en possession de leur héritage éternel.

« ***Tous ceux-là, à la foi desquels il a été rendu témoignage, n'ont pas obtenu ce qui leur était promis, Dieu ayant en vue quelque chose de meilleur pour nous, afin qu'ils ne parvinssent pas sans nous à la perfection.*** » (Hébreux 11, 39-40)

L'auteur de l'épître aux hébreux nous révèle que personne d'entre eux, ni Abraham, ni ses héritiers, n'a obtenu cet héritage car Dieu voudrait que nous parvenions à cet héritage au même moment qu'eux. Comme Abraham et ses héritiers, nous espérons voir l'enlèvement, la perfection, la résurrection des morts, l'incorruptibilité, la gloire de Dieu, le millénium, la nouvelle Jérusalem et les noces au ciel. Ces choses glorieuses, malgré qu'elles soient invisibles, sont l'objet de notre plus grande espérance. Tous les matins, nous levons nos yeux pour les fixer sur ces promesses éternelles, nous nous affectionnons à ces choses d'en haut, nous les goûtons, nous nous attachons à elles, nous nous adaptons à elles afin de nous rendre toujours prêts car leur accomplissement ne tardera pas. Ainsi chaque jour, nous commençons notre journée avec la pensée de l'éternité qui nous sanctifie et nous prépare davantage.

« ***Afin de faire paraître devant lui cette Église glorieuse, sans tache, ni ride, ni rien de semblable, mais sainte et irrépréhensible.*** » (Éphésiens 5, 27).

Laissons la parole de Dieu nous préparer pour nous faire paraître purs et sans tache. Que le culte personnel soit le moment quotidien de nous laver dans les eaux de la cuve d'airain et plonger nos regards dans le miroir, le lieu de préparation.

5.2. Une préparation quotidienne de la journée

Le culte personnel est un moment où nous allons vers le potier par excellence comme de l'argile pour qu'il nous donne la forme qu'il faut pour la journée. Il nous façonne, nous taille pour nous donner la forme qui correspond aux réalités de la journée. Il n'y a pas de journées qui soient pareilles, chaque journée est différente, elle a ses défis, ses challenges, ses opportunités, ses combats, ses épreuves, ses tentations, sa couleur, son temps, ses circonstances, sa nature. Chaque journée exige de nous d'être préparé à l'affronter car nous sommes appelés à bénéficier de ses bons et mauvais côtés, de ses circonstances bonnes ou mauvaises car tout concourt à notre bien. Nous tirons bénéfice, en tant qu'enfants de Dieu, de toutes les circonstances, bonnes ou mauvaises.

Dieu seul sait ce qu'il nous faut chaque jour, il sait quelle forme avoir pour profiter de chaque journée qu'il nous donne. Nous avons besoin de rencontrer celui qui d'avance sait ce que la journée va enfanter. Approchons-nous de lui pour qu'il nous emporte dans le domaine de la révélation pour avoir un œil sur l'avenir. Il dit à son ami Abraham, « ***Cacherai-je à Abraham ce que je vais faire ?...*** » (Genèse 18, 17), il lui révèle ce qu'il avait l'intention de faire dans la ville de Sodome. Pourrait-il aussi nous faire grâce et nous révéler les choses cachées à venir lorsque nous nous approchons de lui dans nos cultes personnels.

Il est impératif pour nous de nous tourner vers Dieu pour qu'il nous prépare à affronter la journée. Il a le conseil qu'il faut, la grâce qu'il faut, la force qu'il faut, le niveau de paix qu'il faut, la quantité de joie nécessaire, même le chant qu'il faut, la pensée indispensable, l'inspiration qu'il faut. Il a tout ce qu'il nous faut.

Jésus nous a appris à demander le pain quotidiennement. Chaque journée a ses besoins connus et inconnus et dès le matin nous nous approchons du trône de la grâce afin d'obtenir miséricorde et trouver grâce pour être secourus dans tous nos besoins. C'est le cas pour les besoins de toute nature, les besoins spirituels, les besoins psychologiques, les besoins moraux, les besoins physiques, les besoins matériels, les besoins financiers, les besoins intellectuels, les besoins professionnels, les besoins vitaux, etc.

J'ai appris à commencer mes journées sans m'encombrer du poids de la journée, sans tenir compte de mes échecs d'hier, de mes erreurs du passé, ni de ce que je manque. Dès que je me suis déchargé en présentant à Dieu mes besoins, je me donne l'occasion de commencer la journée le cœur léger.

Jésus veut porter le fardeau de la journée à notre place, il nous le propose, c'est à nous de nous décharger sur lui au travers du culte personnel. La Bible dit que nous devons nous décharger sur lui de tous nos soucis, et nous devons comprendre que c'est à lui de porter le fardeau de la journée à notre place.

« ***Le jour en instruit un autre jour, la nuit en donne connaissance à une autre nuit***. » (Psaumes 19, 3).

Le culte personnel est aussi un moment où nous réfléchissons avec le Seigneur de ce qu'a été la journée passée pour en tirer des leçons, pour apprendre de Dieu quoi continuer à faire et quoi arrêter de faire.

Un moment de consécration pendant lequel nous jetons un regard avec la loupe de la parole de Dieu sur la journée passée, nous regardons à notre comportement, notre langage, nos habitudes, nos pensées, notre attitude, nos désirs, nos envies, nos gestes, ce que nous avons fait avec nos yeux, nos oreilles, notre bouche, nos mains, nos pieds, notre ventre, notre sexe, notre intelligence, notre beauté, notre argent, nos biens, nos dons, nos talents, etc.

A la lumière de la parole de Dieu, nous examinons tout car c'est elle qui nous corrige, nous exhorte, nous encourage, nous sanctifie, nous revigore, nous édifie et nous transforme.

Grâce à ce moment avec Dieu, nous ne nous conformons plus au siècle présent mais par contre nous sommes transformés et nous devenons meilleurs.

« ***Recommande ton sort à l'Éternel, mets en lui ta confiance, et il agira***. » (Psaumes 37, 5).

« ***Recommande à l'Éternel tes œuvres, et tes projets réussiront***. » (Proverbes 16, 3).

L'homme court vers la réussite et le succès alors que la réussite appartient à l'Eternel qui est le Maître des temps et des circonstances.

« ***J'ai encore vu sous le soleil que la course n'est point aux agiles ni la guerre aux vaillants, ni le pain aux sages, ni la richesse aux intelligents, ni la faveur aux savants; car tout dépend pour eux du temps et des circonstances***. » (Ecclésiaste 9, 11).

Tout dépend du temps et des circonstances qui sont au service de Dieu, qui obéissent à la volonté de Dieu, qui concourent au bien de ceux qui aiment Dieu. Notre réussite est dans les mains de Dieu auprès de qui nous devons nous rendre tous les matins pour obtenir sa grâce.

CHAPITRE III : PROPOSITION D'UNE SUBDIVISION DU CULTE PERSONNEL

Nous pouvons subdiviser notre culte personnel en quelques étapes principales que voici :

a) Louange et Adoration ;

b) Consécration (nous abandonner à Dieu et chercher la plénitude du Saint – Esprit) ;

c) Méditation ou étude biblique personnelle (découvrir une vérité dans la bible pour nous et pour les autres qui va nous guider dans la suite du culte personnel. Nous ne devons pas oublier que prier, c'est parler avec Dieu, nous le laissons parler le premier ensuite nous pourrons lui parler car nous nous retrouvons là sur invitation, il nous a attirés dans sa présence, c'est sûr qu'il a des choses à partager avec nous.) ;

d) Prière par rapport à la parole de Dieu ;

e) Demande et supplication où nous lui recommandons nos activités, nos projets, nos besoins, etc. ;

f) Intercession où nous prions pour les autres, la famille, l'église, les voisins, les amis, etc. ;

g) Prière de déclaration des paroles de foi pour commencer la journée ;

Cette subdivision est pour les débutants mais avec le temps, le Saint-Esprit est celui qui inspire ce qu'il faut faire pendant tout le temps du culte personnel. Le culte personnel doit avoir un temps et un lieu bien déterminés pour qu'il soit efficace sans pour autant tomber dans la routine. N'oublions pas d'avoir notre cahier chaque fois pendant nos cultes personnels, puisque nous savons que Dieu va parler à notre cœur. Il vaudrait mieux pour nous de prévoir de quoi écrire ce que Dieu nous dira, car les paroles s'envolent mais les écrits restent.

1. La louange

A. Définition

Je vais tirer ma définition de la louange des deux termes que l'Ancien et le Nouveau testament utilisent pour parler de la louange : la louange, c'est élever les mains et raconter une histoire. C'est élever les mains et parler de ce que Dieu a fait.

La louange, c'est donc détourner ses yeux du monde pour un instant, arrêter de penser à ses besoins, à ses difficultés, à ses devoirs, à ses soucis, et se focaliser sur ce que Dieu a fait. Et c'est dans cette attitude que nous nous mettons à nous exprimer soit par une prière, soit par un cantique, soit une proclamation, soit par des acclamations, soit par un geste, soit par une danse, etc.

Regarder à la création de Dieu, à l'immensité de ses œuvres dans le monde. La bible nous dit que le ciel et la terre proclament la grandeur de Dieu. C'est une forme de prière où sont proclamés les hauts faits de Dieu. Une bonne louange est une réaction aux merveilles de Dieu. Nous nous souvenons de ce qu'il a fait. Ce que nous poursuivons en louant Dieu, c'est le glorifier et l'honorer.

La louange doit provenir du cœur car les paroles de cette louange sont adressées à Dieu lui-même. Notre louange ne doit pas être une récitation, ni des paroles en l'air, ni une copie des paroles de quelqu'un d'autres sans en comprendre le vrai sens.

La louange peut se faire par une prière, un cantique, un cri de joie ou des acclamations ou sous plusieurs autres formes d'expression, mais toujours provenant du fond du cœur.

Dieu agit pour que toute la gloire lui revienne au moyen de la louange.

Le monde nous prend pour des fous quand il nous voit chanter pour Dieu et danser pour lui. Il ne s'agit pas de folie, nous savons ce que Dieu a fait pour nous, d'où il nous a tirés, d'où nous venons et où nous allons avec lui. Nous étions esclaves de Satan, sous la malédiction, destinés à mourir, sans espérance, sans paix, mais il nous a tirés de là, il nous a donné la vie, l'espoir. Nous ne pouvons pas nous taire quand nous pensons à ce qu'il a fait, quand nous fixons nos yeux sur ses œuvres dans nos vies, nous pouvons crier «loué sois-tu, Seigneur».

Quand nous racontons dans la louange les choses que Dieu a faites dans le passé, cela ne veut pas dire que tout va bien dans le présent. Mais la louange nous console et nous redonne l'espoir, elle nous fortifie, elle nous donne une raison de croire encore car ce qu'il a fait hier, il peut encore le faire aujourd'hui.

Dieu, très souvent, en se présentant à son peuple, lui rappelait qu'il est celui qui l'a fait sortir d'Egypte par son bras fort et puissant. Il est le même hier, aujourd'hui et éternellement.

Balaam va dire dans Nombres 23, 23 : « ***C'est lui qui les a fait sortir d'Egypte avec une force terrible, pareille à la force du buffle. Il n'y a pas de magie chez les Israélites, pas de devins***

dans la famille de Jacob. Ils apprennent au bon moment tout ce que Dieu fait. Ce peuple se lève comme un animal sauvage, il se met debout comme un lion. »

Quand Israël apprend ce que Dieu fait, il devient comme une lionne, il se met debout comme un lion.

Par la louange, nous racontons ce que Dieu fait et c'est ainsi que nous devenons forts comme une lionne, nous commençons la journée en nous levant comme un lion, nous n'avons peur de rien, rien ne nous fait reculer, nous sommes forts.

Léa, découragée parce que son mari ne l'aimait toujours pas malgré les trois beaux garçons qu'elle lui avait donnés, se dit cette fois-ci, je ne vais plus regarder à cette souffrance, à ce manque d'amour, à cette vie de peine, non je me tourne vers Dieu pour voir et proclamer ce qu'il a fait pour moi.

Sa rivale n'avait pas d'enfant et elle en avait trois mais elle continuait à pleurer, il fallait qu'elle regarde vers ce que Dieu avait déjà fait et le louer pour cela.

La louange détourne nos yeux de ce que nous manquons et les fixe sur ce que Dieu a déjà fait et là notre attitude change, nous devenons forts.

Plusieurs fois je me suis surpris dansant dans la présence de Dieu alors que quelques instants plus tôt j'étais triste à cause d'une situation. La louange me rend heureux.

Dans le Psaume 139, l'un de mes préférés, David commence d'abord par louer Dieu pour sa présence permanente dans sa vie, il dit des choses comme : « ***tu m'entoures par derrière et par devant*** », ensuite il le loue pour avoir fait de lui une « ***créature si merveilleuse*** », c'est seulement après qu'il parle de ses problèmes.

Tous les matins nous devons prendre un instant pour penser à une seule bonne chose que Dieu a faite pour nous, une seule chose. Sortons des louanges mécaniques et des récitations, mais tournons nos yeux réellement vers ce qu'il fait et louons-le de tous nos cœurs pour être de plus en plus forts.

B. Ce que la louange peut nous apporter

1) La louange produit en nous la joie de Dieu qui est notre force. La joie du Seigneur est notre force pour la journée. (Néhémie 8, 10)

Même celui qui est dans la souffrance peut se réjouir grâce à la louange. Il lui suffit de penser à ce que Dieu a déjà fait pour lui et se réjouir pour cela.

En te célébrant, j'aurai la joie sur les lèvres. L'Eternel a fait pour nous de grandes choses, nous sommes dans la joie. (Psaumes 71, 23 ; 126, 3)

Ne cherchons pas notre joie dans ce que nous voyons, mais tous les matins trouvons la en Dieu, dans ses merveilles, dans ce qu'il a fait pour nous, dans son amour, dans sa présence permanente, dans ses bontés au moyen de la louange.

Jésus va dire quelque chose de paradoxal dans les béatitudes, il enseigne que même celui qui souffre peut être dans la joie, il peut être heureux. Matthieu 5, 11-12 : ***« Heureux serez-vous lorsqu'on vous persécutera, qu'on vous critiquera, qu'on racontera de faux témoignages sur vous, qu'on vous haïra, réjouissez-vous et soyez dans l'allégresse (une manifestation de la joie extérieurement). Parce que votre récompense sera grande.*** »

Souvenons-nous de ceux qui nous ont précédés, a-t-il dit, de ce que Dieu a fait pour eux et avec eux, faisons-le dans la louange.

Même si nous souffrons, soyons dans la joie, trouvons la joie par la louange dans nos cultes personnels.

Louons-le pour Daniel qu'on a condamné injustement et qui a été jeté dans la fosse aux lions mais Dieu l'a protégé et sorti de là vivant, il peut le faire aussi pour nous.

Louons-le pour Joseph qui pensait que sa vie n'était que souffrance alors que Dieu le conduisait vers le trône en Égypte, louons le Seigneur parce que nous croyons que nous aussi Dieu nous conduit quelque part malgré nos souffrances.

Trouvons la joie en louant Dieu pour Jésus qui a porté sa croix et est mort crucifié, dans la honte, l'opprobre, il a persévéré et il lui a été donné le nom au-dessus de tout nom.

Malgré la souffrance nous pouvons puiser notre joie dans la louange.

Misérables mais nous chantons des cantiques, pauvres mais nous dansons, célibataires endurcis (malgré nous) mais nous pouvons sauter de joie. Pourquoi ? Parce que nos yeux ne regardent plus ce que nous vivons mais plutôt Dieu qui a agi hier, qui agit aujourd'hui et qui agira encore demain.

Eben ezer, jusqu'ici le Seigneur nous a secourus, s'il l'a fait, il le fera encore aujourd'hui et il le fera encore demain.

La louange lors de nos cultes personnels le matin nous aidera à arrêter de promener des regards inquiets car nous aurons à l'esprit que nous avons un Dieu qui agit. A la place de la tristesse, nous serons dans la joie, notre humeur ne sera pas revêche et notre attitude sera tout au long de la journée positive.

L'apôtre Paul insiste en disant : « ***Réjouissez-vous toujours dans le Seigneur, je le répète, Réjouissez-vous*** » (Philippiens 4, 4). Faisons de l'Eternel notre délice, notre joie, c'est un devoir et un privilège que nous avons en tant que chrétien et en tout temps. Malgré tout ce que nous pouvons vivre, Dieu nous ordonne de trouver la joie en lui au moyen de la louange.

Commençons nos journées dans la louange, fixons nos regards sur le Dieu qui agit. Que nos yeux contemplent ses merveilles, ne le louons pas juste des lèvres mais faisons-le de tout notre cœur et nous verrons nos journées s'embellir.

Nos vies ne seront en aucun cas des vies de pleurs, ni de tristesse, ni des vies d'amertume, ni des vies de plaintes. Par contre, le bonheur et la grâce nous accompagneront et l'allégresse sera notre compagne de tous les jours au travers de la vie de louange dans nos cultes personnels.

La louange enlève le doute, enlève la peur, redonne l'espoir. Celui qui a l'espoir, il n'est pas triste, il a de la joie.

La bible dit d'Abraham que sans faiblir dans sa foi, il n'a pas considéré que son corps était usé, il n'a point douté par incrédulité au sujet de la promesse de Dieu, mais fortifié par la foi, il a donné gloire à Dieu, il a loué le Seigneur.

La louange d'Abraham fortifiait sa foi, lui donnait des raisons d'espérer.

Une de grandes œuvres de Dieu si pas la plus grande à laquelle nous devons penser tous les matins lors de nos cultes personnels et pour laquelle nous devons nous réjouir, c'est l'œuvre de la Croix. Le salut obtenu à la Croix est un sujet de joie de tous les jours parce que nous vivons ses effets à chaque instant.

Colossiens 2:13-15 (PDV) : «***Vous, vous étiez morts à cause de vos fautes, et aussi parce que vous n'étiez pas des circoncis. Mais Dieu vous a rendu la vie avec le Christ. Il nous a pardonné toutes nos fautes, il a effacé le document de nos dettes qui nous accusait, et qui était contre nous à cause des règles établies. Et il l'a détruit en le clouant sur la Croix. Dieu***

a enlevé leur puissance aux esprits qui avaient autorité et pouvoir. Il a présenté ces esprits devant tout le monde et il les a traînés comme des prisonniers dans le défilé victorieux de son Fils.»

Nous étions morts, c.-à-d., éloignés de Dieu, il nous a rapprochés. L'apôtre Paul dit que l'accès auprès de Dieu est facilité, le mur de séparation entre nous et Dieu est tombé, plus rien ne peut l'empêcher de nous toucher. Nous sommes des proches de Dieu. N'est-ce pas là un sujet de joie ? Nous sommes de ceux qui étaient dehors, il nous a ouvert la porte et nous a fait asseoir devant lui, face à face avec lui. Il a effacé le document qui reprenait nos dettes. Une dette que nous n'arrivions pas à payer, Dieu l'a payée en acceptant de mourir à notre place. Une dette produit la peur. Quand nous savons que nous devons de l'argent à une banque, ou à un particulier et que l'échéance touche à sa fin alors que nous n'avons pas encore trouvé les moyens pour payer nous sommes effrayés.

La femme qui avait la dette, elle n'avait qu'un peu d'huile. Elle a cherché plusieurs récipients. Elle a élevé le vase d'huile qu'elle avait pour remplir les autres récipients. Jésus est ce vase élevé qui remplit nos autres vases d'huile vides non pas seulement pour payer la dette mais aussi pour continuer à mener une vie sans dette.

Il a été élevé à la croix pour payer notre dette et remplir nos vies de sa joie, de la bénédiction, de la paix, de la grâce. Réjouissons-nous car Christ a été élevé à la croix pour nous.

Il a dépouillé l'ennemi et l'a livré publiquement en spectacle dans son cortège de victoire.

Le vainqueur rentrait du combat avec les ennemis enchaînés derrière et lui devant tout le monde. Il marchait dans un cortège de victoire, un cortège de gloire.

Il y a un cortège où Dieu nous a introduits, nous sommes vainqueurs et plus que vainqueurs, dans le cortège de sa victoire. Sa victoire, c'est notre victoire. Jésus nous a introduits dans son cortège non pas comme vaincus mais comme vainqueurs avec lui.

Louons Dieu pour cette grande victoire même quand nous ne voyons rien, et que la louange produise la joie de Dieu dans nos cœurs.

2) La louange attire le règne de Dieu

La louange attire le règne de Dieu. En d'autres termes Dieu établit son règne là où il est loué.

Quand nous louons Dieu, nous demandons à Dieu d'établir son règne pour que sa volonté soit faite sur la terre comme elle est faite au ciel.

Quand Dieu règne,

a) Tout autre règne disparaît. L'autorité de Dieu est établie dans tous les domaines de nos vies ;
b) Sa volonté s'accomplit parfaitement ;
c) Ses promesses se réalisent en son temps ;
d) Aucune puissance ne peut nous résister ;
e) Les désirs de notre cœur nous sont accordés car tout ce que nous lierons ou interdirons sur la terre sera lié ou interdit dans les cieux et tout ce que nous délierons ou nous permettrons sur la terre sera délié ou permis dans les cieux.

Dans la prison où étaient enfermés Paul et Silas, la louange a suffi pour que les chaines se brisent et les portes de la prison s'ouvrent parce que le règne de Dieu était descendu comme lorsque les séraphins disaient « Saint, Saint, Saint », les fondements des portes s'ébranlèrent. La louange a suffi aussi pour que la muraille de Jéricho tombe. Prenons du temps à louer Dieu, il y trouve du plaisir et il ne reste pas indifférent. En proclamant les hauts faits de Dieu, il manifeste encore sa grandeur.

Nous ne pouvons manquer de mots pour louer Dieu, il suffit de nous souvenir de ce si grand salut, de son rachat, de la rédemption, de la victoire de la croix, de l'adoption, etc.

Psaumes 18, 4 : « ***Je m'écrie : Loué soit l'Eternel ! Et je suis délivré de mes ennemis.*** »

La louange déclenche une bataille dans le monde invisible, les anges sont mobilisés pour nous sortir de la situation dans laquelle nos ennemies nous ont placés. Nous passons par des temps difficiles, si nous ne pouvons rien faire pour nous en sortir, louons l'Eternel de tout notre cœur et nous verrons que quelque chose va sûrement se passer.

Psaumes 66. Il ne nous appartient pas de choisir si nous devons louer Dieu ou non. La louange est le droit de Dieu, et nous sommes bénéficiaires de sa grâce, nous sommes engagés à louer Dieu jour après jour. C'est notre devoir de louer Dieu. Si nous ne louons pas Dieu, nous ne produisons pas le fruit, l'aromate que lui en tant que divin époux, est en droit d'attendre de nos mains. Accomplissons notre devoir tous les matins dans nos cultes personnels en louant Dieu pour tout ce qu'il fait pour nous.

2. L'adoration

Esaïe 6, 1-8 : « ***L'année de la mort du roi Ozias, je vis le Seigneur assis sur un trône très élevé, et les pans de sa robe remplissaient le temple. Des séraphins se tenaient au-dessus de lui; ils avaient chacun six ailes; deux dont ils se couvraient la face, deux dont ils se couvraient les pieds, et deux dont ils se servaient pour voler. Ils criaient l'un à l'autre, et disaient: Saint, saint, saint est l'Éternel des armées! Toute la terre est pleine de sa gloire! Les portes furent ébranlées dans leurs fondements par la voix qui retentissait, et la maison se remplit de fumée. Alors je dis: Malheur à moi! Je suis perdu, car je suis un homme dont les lèvres sont impures, j'habite au milieu d'un peuple dont les lèvres sont impures, et mes yeux ont vu le Roi, l'Éternel des armées. Mais l'un des séraphins vola vers moi, tenant à la main une pierre ardente, qu'il avait prise sur l'autel avec des pincettes. Il en toucha ma bouche, et dit: Ceci a touché tes lèvres; ton iniquité est enlevée, et ton péché est expié. J'entendis la voix du Seigneur, disant : Qui enverrai-je, et qui marchera pour nous ? Je répondis: Me voici, envoie-moi.*** »

Jean 4, 22-24 : « ***Vous adorez ce que vous ne connaissez pas; nous, nous adorons ce que nous connaissons, car le salut vient des Juifs. Mais l'heure vient, et elle est déjà venue, où les vrais adorateurs adoreront le Père en esprit et en vérité; car ce sont là les adorateurs que le Père demande. Dieu est Esprit, et il faut que ceux qui l'adorent l'adorent en esprit et en vérité.*** »

Notre relation avec Dieu a besoin d'être entretenue, l'adoration est l'un des moyens pour le faire. Elle développe, soude, fait grandir et fait progresser notre communion avec Dieu.

L'adoration est définie de plusieurs manières selon les auteurs mais le dénominateur commun à toutes ces définitions, c'est la relation entre Dieu et l'homme.

Dans l'adoration, Dieu et l'homme sont en action pour approfondir leur relation, Dieu nous fait plaisir et nous, à notre tour, nous lui faisons plaisir.

Dieu, de son côté, ne s'arrête de nous prouver son amour. Il n'a pas cessé depuis le commencement de montrer à l'homme son amour et pendant ce temps de la fin, Dieu le fait au travers de son Fils, Jésus-Christ. Mais que faisons-nous pour lui prouver notre amour en retour ? Il ne s'agit pas ici d'arrêter ce que nous faisons comme activité quotidienne pour prouver à Dieu que nous l'aimons mais plutôt de changer d'attitude dans ce que nous faisons et le culte personnel nous aide à y parvenir, à poursuivre le plaisir de Dieu tout au long de la journée et dans tout ce que nous faisons.

Notre relation avec Dieu est une relation d'amour, d'intimité, d'amitié. Dieu veut que cette relation soit entretenue soigneusement. Il aimait les moments qu'il passait avec Moïse sur la montagne à lui révéler des choses cachées, à discuter avec lui, à se faire supplier par lui, à se faire désirer par lui comme il aime les moments que nous passons seuls avec lui pendant nos cultes personnels.

L'adoration est une attitude constante du cœur à l'intérieur de l'adorateur. L'adorateur poursuit le plaisir de Dieu constamment et continuellement. L'adoration va de l'intérieur vers l'extérieur d'une attitude vers un acte posé.

L'adoration est en gros tout acte qui fait plaisir à Dieu. Quand nous nous agenouillons le matin pour lui dire qui il est pour nous, combien nous l'aimons, nous posons réellement un acte qui lui fait plaisir.

1) L'adoration en Hébreux

Psaumes 29, 6 : « ***Rendez à l'Éternel gloire pour son nom! Prosternez-vous devant l'Éternel avec des ornements sacrés!*** »

Psaumes 86, 9 : « ***Toutes les nations que tu as faites viendront Se prosterner devant ta face, Seigneur, Et rendre gloire à ton nom.*** »

Un mot hébreu est utilisé par parler de l'adoration dans la bible :

« Shachah » qui veut dire se prosterner, se courber, s'abaisser jusqu'à terre en signe de soumission et de respect. L'homme en contemplant Dieu voit son insignifiance et se remet à la grandeur de Dieu. Il reconnait qu'il n'est rien devant Dieu et que Dieu seul mérite tout l'honneur.

Dieu se révèle et l'homme se prosterne devant lui.

Esaïe 6, 1-8 : « ***L'année de la mort du roi Ozias, je vis le Seigneur assis sur un trône très élevé, et les pans de sa robe remplissaient le temple. Des séraphins se tenaient au-dessus de lui; ils avaient chacun six ailes; deux dont ils se couvraient la face, deux dont ils se couvraient les pieds, et deux dont ils se servaient pour voler. Ils criaient l'un à l'autre, et disaient: Saint, saint, saint est l'Éternel des armées! Toute la terre est pleine de sa gloire! Les portes furent***

ébranlées dans leurs fondements par la voix qui retentissait, et la maison se remplit de fumée. Alors je dis: Malheur à moi! je suis perdu, car je suis un homme dont les lèvres sont impures, j'habite au milieu d'un peuple dont les lèvres sont impures, et mes yeux ont vu le Roi, l'Éternel des armées. Mais l'un des séraphins vola vers moi, tenant à la main une pierre ardente, qu'il avait prise sur l'autel avec des pincettes. Il en toucha ma bouche, et dit: Ceci a touché tes lèvres; ton iniquité est enlevée, et ton péché est expié. J'entendis la voix du Seigneur, disant : Qui enverrai-je, et qui marchera pour nous? Je répondis: Me voici, envoie-moi. »

Le prophète Esaïe voit Dieu dans sa gloire, il s'écrie, malheur à moi ! Je suis perdu … La révélation de Dieu l'aide à réaliser qu'il est perdu, qu'il n'est rien malgré tout ce qu'il était, ce qu'il avait, ce qu'il savait. Il s'est vu impur devant la révélation de la sainteté de Dieu.

Quand il se révèle à nous, nous sentons le désir de tout quitter, tout laisser pour demeurer devant lui comme le disait Pierre devant la transfiguration. L'apôtre Jean s'est couché par terre, des fois des larmes coulent de nos yeux, des fois nous gardons juste nos mains levées, nous sentons le vide que sa présence comble. Dans l'adoration, nous jetons nos couronnes et nous nous prosternons devant Lui.

2) L'adoration se résume en cinq étapes essentielles

Cinq étapes peuvent résumer l'acte d'adorer : l'adoration va de la contemplation d'une révélation de Dieu qui nous plonge dans une admiration de qui Il est. L'admiration produit une révérence, un respect de Dieu, une prosternation, l'homme se jette à terre. L'attitude de cet homme prosterné le conduit à s'exprimer devant Dieu. Une expression qui va de l'intérieur vers l'extérieur, du cœur vers l'expression et le mouvement du corps. L'adoration va jusqu'à l'attachement basé sur la révélation personnelle et intime de Dieu.

L'adoration est une intense admiration qui atteint sa plus grande hauteur dans la révérence, un respect profond, à laquelle nous associons des actes extérieurs et une attitude qui accompagnent cette révérence.

a) La contemplation et la révélation

Contempler, c'est porter toute notre attention sur Dieu, nous focaliser sur lui. Nous évitons toute pensée étrangère quand nous adorons Dieu et nous nous concentrons sur lui. Contempler un Dieu invisible peut paraître comme une démarche impossible. Pourtant ce Dieu invisible se révèle dans ce qu'il fait, ce qu'il a, ce qu'il est, ce qu'il dit et encore plus au travers de son Fils en qui il a déversé la plénitude de la divinité, ainsi il est l'image du Dieu invisible.

Pour celui qui est attentif, Dieu se révèle en tout, partout et en tous.

Il se révèle au travers de la création, de l'histoire, de ses œuvres, de sa Parole.

La révélation de Dieu est le point de départ de l'adoration, le Rhema de Dieu. Tout commence par là. Sans la révélation, il n'y a pas d'adoration, il n'y a pas de parfum véritable. Jésus disait à la Samaritaine qu'ils adoraient celui qu'ils ne connaissaient pas. Beaucoup d'entre nous adorent sans révélation personnelle de Dieu.

La révélation, c'est le dévoilement de la nature divine de Dieu. Dieu enlève son voile, Il se fait connaître, Il se laisse découvrir. Et ceci est notre part, nous de la nouvelle alliance pour qui le voile s'est déchiré et qui le contemplons face à face. Nous n'avons donc pas d'excuse pour adorer sans révélation. Avons-nous une révélation personnelle de Dieu ? L'apôtre Paul dit qu'à cause de cette révélation, il considère toute chose comme de la boue. Nous ne pouvons avoir cette révélation de Dieu et rester les mêmes, sans rien faire.

Dans la nouvelle alliance, Jésus dit que nous l'adorons en vérité, nous élevons vers lui une adoration authentique. Et cette adoration authentique est le produit d'une révélation personnelle de Dieu.

L'adoration est une affaire de deux personnes. Elle est personnelle. Chacun d'entre nous personnellement avec Dieu. C'est dans une relation intime, l'intimité étant une relation étroite caractérisée par un contact permanent et régulier, une connivence, une complicité et une proximité. L'absence et la distance brisent l'intimité.

Selon Jésus, c'est comme la relation entre deux personnes qui entrent et s'enferment dans une chambre pour parler intimement. L'adoration est une affaire personnelle avec Dieu. Entrons avec lui dans cette chambre d'intimité pour le découvrir intimement et lui exprimer l'amour que nous avons pour lui. Dans cette chambre, Dieu laisse tomber le voile, il se fait connaître à nous, et chaque fois que nous le faisons, nous le connaissons plus et mieux et notre amour pour lui grandit.

L'adoration ne peut se faire par une révélation empruntée de quelqu'un d'autre. Nous ne pouvons adorer avec les mots d'une autre personne sans en comprendre le vrai sens. Il n'est pas question de multiplier les paroles mais de laisser plutôt Dieu nous révéler qui il est, car juste citer le nom de Jésus peut être un parfum qui se répand quand cela est fait avec révélation.

Caïn et Abel avaient tous deux offert des sacrifices pour plaire à Dieu. Abel fut accepté et non Caïn. Abel avait la révélation et non Caïn, il a su qu'il fallait offrir un des premiers-nés de son troupeau et de leur graisse, et Dieu porta un regard favorable, propice sur lui et sur son offrande. Son offrande l'avait rendu agréable et acceptable car les yeux de Dieu étaient fixés sur le sang et le sang coulé de la croix, il avait été rendu favorable. (Genèse 4, 4)

Nous pouvons contempler Dieu et avoir une révélation de lui en chantant, en priant, en lisant sa parole, en l'écoutant, en partageant avec quelqu'un d'autre, en travaillant, en dormant, etc. Dieu est capable de passer par n'importe quel moyen pour se révéler à nous si nous sommes attentifs mais nous pensons que le culte personnel est le moment le plus approprié pour le contempler intimement, aller en profondeur avec lui et le laisser nous faire découvrir qui il est afin de mieux l'adorer.

b) L'admiration

Quand Dieu se révèle à nous, très souvent nous sommes dans un étonnement mêlé de plaisir. Il fait des choses au-delà de notre entendement, des choses que nos yeux n'ont jamais vues, que nos oreilles n'ont jamais entendues. Des choses que nos pensées n'ont jamais imaginées.

La révélation de Dieu nous fascine, elle nous paralyse de fois. L'admiration est une étape indispensable dans l'adoration, toutes les autres étapes en dépendent. Si la révélation n'a aucun effet sur nous, le reste des étapes ne suivra pas.

Esaïe 9, 5 : « ***Car un enfant nous est né, un fils nous est donné, Et la domination reposera sur son épaule ; On l'appellera Admirable, Conseiller, Dieu puissant, Père éternel, Prince de la paix.*** »

Matthieu 15, 31 : « ***En sorte que la foule était dans l'admiration de voir que les muets parlaient, que les estropiés étaient guéris, que les boiteux marchaient, que les aveugles voyaient; et elle glorifiait le Dieu d'Israël.*** »

Apocalypse 15, 3 : « ***Et ils chantent le cantique de Moïse, le serviteur de Dieu, et le cantique de l'agneau, en disant: Tes œuvres sont grandes et admirables, Seigneur Dieu tout-puissant! Tes voies sont justes et véritables, roi des nations!*** »

Quand nous contemplons qui il est, ce qu'il fait, ce qu'il a et ce qu'il dit, nous ne pouvons que faire comme nous le ferons à la fin de toutes choses, nous chanterons et nous l'adorerons.

Pierre est fasciné par la pêche miraculeuse, il abandonne tout pour suivre Jésus. Nathanaël l'entend parler, il ne peut plus le quitter. Esaïe est prêt à tout faire car ses yeux ont vu Dieu dans sa gloire.

S'il y a des gens qui hésitent encore de suivre Jésus, c'est parce qu'ils n'ont pas été fascinés par la révélation de Dieu.

1 Jean 1, 11 : « ***Celui qui fait le bien est de Dieu; celui qui fait le mal n'a point vu Dieu.*** »

1 Jean 3, 6 : « ***Quiconque demeure en lui ne pèche point; quiconque pèche ne l'a pas vu, et ne l'a pas connu.*** »

c) La révérence, la prosternation ou le respect

Ici, nous nous humilions, nous nous prosternons et nous voyons combien Dieu est grand et combien nous sommes petits. Nous jetons nos couronnes à ses pieds.

L'homme fasciné par la révélation tombe à terre, il s'humilie, il sent sa petitesse, il sent qu'il n'est rien sans le Dieu qui s'est révélé à lui, il s'oublie, il ne voit que lui.

Il n'y a pas d'adoration lorsqu'on reste debout devant cette vision de Dieu qui nous fascine. La révélation de Dieu doit nous mettre à terre. Lorsque nous sommes encore partagés entre Dieu et nous, il n'est pas possible d'avoir une adoration authentique. Dans ce type d'adoration, tout est centré et focalisé sur Dieu seul, nous ne voyons que lui, nous faisons tout pour son seul plaisir et sa seule gloire.

L'adoration est exclusive, il n'y a pas de place pour une deuxième personne dans le cœur de l'adorateur, mais Dieu seul. Il a dit : « tu aimeras le Seigneur de tout ton cœur ». Dieu exige un renoncement total pour le suivre.

La révélation nous entraîne dans une dimension où tout est centré sur Dieu et elle nous y maintient. Quand la révélation grandit, nous l'aimons plus, nous nous approchons plus près de lui. Quand Dieu se révèle à nous, nous ne pouvons rester le même. Esaïe le voit dans sa gloire, il crie en disant : « Malheur à moi ! Je suis perdu. » Et aussitôt il va dire à Dieu : « Me voici envoie – moi.»

Nous ne pouvons parler d'adoration quand le cœur n'est pas épris du désir d'honorer et de révérer Dieu.

La prosternation est l'image de la consécration. La consécration est le cœur de l'adoration. Dans la consécration, nous nous humilions sous la main puissante de Dieu en lui disant, que sans lui nous ne pouvons rien et nous nous confions à lui.

Quand nous le voyons dans la révélation, nous renonçons à nous-même car nous sentons en nous que nous avons besoin de Lui. Le psalmiste dit à ce sujet : « ***Mon âme a soif de Toi, comme une biche soupire après des courants d'eau...*** » (Psaumes 42, 2-3 ; 63, 2 ; 55,18 ; 84, 3 ; 143, 6)

Nous ne pouvons pas parler d'adoration tant que nos cœurs ne s'humilient pas devant Lui, ne se répandent pas, ne se donnent pas, ne s'abandonnent pas à Lui.

Celui qui veut offrir du parfum sur l'autel d'or doit nécessairement commencer par s'offrir lui-même comme un holocauste sur l'autel d'airain. Le feu de l'autel de son sacrifice élèvera mieux l'odeur de l'encens que ce feu consume.

Débutons nos journées dans cette ambiance de contemplation et de prosternation où nous voyons Dieu dans une révélation et nous nous consacrons à lui. Le culte personnel devient un moment de consécration, d'abandon, de renoncement.

d) Les expressions d'adoration

Il y a plusieurs manières de lui montrer que nous l'aimons, de lui faire plaisir, de lui rendre gloire, de lui montrer que nous dépendons de lui, que nous l'adorons.

Par la prière d'adoration où nous lui disons ce qu'il est pour nous, par le chant, par les cris de joie, par des déclarations, par des acclamations, nous laissons nos cœurs exprimer notre amour pour lui. Nous le faisons de la plus belle manière car nous cherchons à lui faire plaisir et lui donner la gloire.

Psaumes 45, 1-4 : « ***Cantique. Chant d'amour. Des paroles pleines de charme bouillonnent dans mon cœur. Je dis : Mon œuvre est pour le roi! Que ma langue soit comme la plume d'un habile écrivain! Tu es le plus beau des fils de l'homme, La grâce est répandue sur tes lèvres : C'est pourquoi Dieu t'a béni pour toujours. Vaillant guerrier, ceins ton épée, Ta parure et ta gloire, Oui, ta gloire!*** »

Comme une coupe pleine qui déborde, car de l'abondance du cœur la bouche parle, nos cœurs épris de Dieu ne peuvent que s'épancher. Lui dire que nous l'aimons, c'est étancher notre soif de lui, c'est répondre au désir de lui faire plaisir.

La contemplation enflamme nos cœurs et nous sommes alimentés en expression d'amour.

Tout ce qu'on peut faire qui fasse plaisir à Dieu est une forme d'expression de notre adoration mais il est important de mentionner que tout doit être inspiré par le Saint Esprit et motivé par notre amour pour Dieu.

Jésus parle à l'église d'Éphèse. Il lui dit qu'il voit et connaît ses œuvres mais malgré toutes les œuvres reconnues, il a des choses contre elle. L'église a perdu son premier amour. Jésus voulait lui dire que depuis un temps ses œuvres n'étaient plus empruntes d'amour.

Nos expressions d'adoration doivent être inspirées de Dieu et motivées par l'amour pour Dieu.

e) L'attachement

L'adoration ne s'arrête pas aux expressions, après que le cœur se soit épanché devant le Dieu qui s'est révélé à lui, l'adorateur s'attache au Dieu qu'il adore.

L'adoration réduit la distance entre le cœur de l'adorateur et le cœur de Dieu. Celui qui adore devient de plus en plus intime avec Dieu.

Jean Baptiste révèle à ses disciples qui est Jésus, ceux-ci se mettent à le suivre, quand il leur pose la question «où allez-vous ?» Ils répondent «où demeures-tu?»

Celui qui adore doit manifester cet engagement à suivre Jésus, à le servir et à faire sa volonté. Comme Esaïe, on ne peut que répondre à son appel en disant : « Me voici envoies – moi. » (Esaïe 6,8)

Le mot « shachah »[13] dans la bible traduit par adoration parle de l'intimité entre Dieu et l'adorateur. L'adoration conduit à plus d'intimité, plus d'attachement, plus de communion avec Dieu. Celui-ci n'attend pas de nous une adoration lors de la prière qui se fait suivre d'une vie indifférente de lui, le cœur qui adore doit rester attaché à Dieu, l'adoration est plus une vie qu'une simple expression. Le Seigneur Jésus utilise un terme approprié pour l'attachement, c'est demeurer. Un vrai adorateur est celui qui demeure en Dieu. On ne peut porter des fruits de l'adoration sans être une branche attachée à l'arbre, au Dieu qu'on adore. Le degré ou le niveau auquel vous êtes capable de vous tourner vers Dieu et de vous lier à Lui peut dépendre de la manière dont vous Le considérez. La différence entre un vrai adorateur et celui qui ne l'est pas, c'est qu'il ne croit pas en Dieu de façon cognitive ou intellectuelle, par contre il s'attache

[13] https://pleinsfeux.org/vocabulaire-biblique/

à lui personnellement, volontairement, affectivement et émotionnellement. Il Lui fait confiance et marche avec Lui chaque jour.

C'est impossible d'adorer Dieu sans que nos vies soient attachées à Lui. Tant que nos vies ne sont pas attachées à Dieu, notre adoration n'est pas authentique.

Dès le matin, nous l'adorons et tout au long de la journée nous restons attachés à lui au niveau du cœur, de l'âme, de la force et des pensées. Nos sentiments, nos pensées, nos émotions, nos gestes, nos paroles, tout ce que nous faisons reste tourné vers Lui, nous faisons tout avec et pour Lui, pour son plaisir et pour sa gloire.

On ne peut adorer Dieu sans l'admirer. On ne peut adorer Dieu sans l'honorer, sans le révérer. On ne peut adorer sans l'aimer. On ne peut adorer Dieu sans le lui exprimer d'une manière ou d'une autre.

Celui qui lors de sa dévotion adore Dieu ne peut manquer de s'humilier devant lui, de se consacrer à lui.

Le culte personnel devient donc un moment intense de contemplation, de consécration et d'admiration. C'est pour cette raison que Jésus compare ce moment à une causerie intime avec Dieu dans une chambre où la porte est fermée, aucune influence extérieure, aucune pensée étrangère qui puisse effleurer nos cœurs, pour nous permettre de voir l'invisible, de contempler le seul souverain, le Roi des rois et le Seigneur des seigneurs, qui seul possède l'immortalité, qui habite une lumière inaccessible, que nul homme naturel n'a vu ni ne peut voir.

Cette contemplation fait que le cœur inondé de l'image de Dieu s'épanche au travers des paroles de la bouche et des gestes du corps à l'exemple des 24 vieillards de l'apocalypse, qui, transportés par leur vision surnaturelle, adorent celui qui vit aux siècles des siècles en jetant les couronnes à ses pieds.

Le prophète Esaïe dit que les séraphins regardaient Dieu assis sur son trône alors ils s'inclinaient devant la gloire inabordable du Seigneur et s'écriaient: « Saint, Saint, Saint est l'Eternel des armées, toute la terre est pleine de sa gloire. » Et tellement qu'ils faisaient retentir leurs voix, les portes furent ébranlées dans leurs fondements et la maison fut remplie de fumée, l'image de la gloire de Dieu.

Rendons nos cultes si glorieux en prenant le temps juste pour contempler Dieu et le reste suivra.

Dieu a besoin d'une adoration authentique qui coule de la contemplation. Elle a été rendue parfaite dans la nouvelle alliance car le voile est déchiré.

CHAPITRE IV : LES AVANTAGES DU CULTE PERSONNEL

Marc 1, 35 : « ***Vers le matin, pendant qu'il faisait encore très sombre, il se leva, et sortit pour aller dans le désert, où il pria.*** »

Ce passage nous montre que notre maître tenait lui-même un culte personnel, il se levait pendant qu'il faisait encore très sombre, à son heure de rendez-vous, et sortait pour aller dans un lieu désert, son lieu de culte personnel où il se mettait à prier. Il devançait toutes les circonstances de la journée en se mettant en connexion avec celui qui connaît bien en avance le déroulement de la journée dans ses moindres détails. Il préparait sa journée avec celui qui sait et peut tout, le maître des temps et des circonstances. Il commençait sa journée en donnant plus d'importance au spirituel, il nourrissait son être spirituel pour qu'il ne soit pas faible devant la tentation, les attraits charnels, les passions mortelles, les plaisirs mondains, les défis de la journée, ... Il débutait sa journée en tournant son regard vers les choses d'en haut au détriment de celles de la terre. Toute son attention se focalisait sur le ciel et l'intérêt du ciel pour que chaque acte posé sur la terre soit pour ce but car amasser les richesses dans le ciel est de loin supérieur et meilleur qu'en amasser sur la terre.

Quelques avantages à tirer du culte personnel :

1. Rendre un culte à Dieu, notre bien aimé

Le culte personnel est un rendez-vous du donner et du recevoir. Nous ne venons pas que pour recevoir ou pour demander mais bien plus rendre un culte agréable à Dieu. En effet, depuis le commencement, Dieu avait inspiré l'homme de lui rendre culte au travers du sacrifice. Et le culte personnel est un privilège de chaque jour que nous avons à donner à Dieu.

Psaumes 29:1-2 : « ***Psaume de David. Fils de Dieu, rendez à l'Éternel, Rendez à l'Éternel gloire et honneur ! Rendez à l'Éternel gloire pour son nom ! Prosternez-vous devant l'Éternel avec des ornements sacrés!*** »

Matthieu 6:13 : « ***Car c'est à toi qu'appartiennent, dans tous les siècles, le règne, la puissance et la gloire. Amen !*** »

Luc 20:25 : « ***Alors il leur dit: Rendez donc à César ce qui est à César, et à Dieu ce qui est à Dieu.*** »

Avant de nous préoccuper de ce que nous recevons de Dieu, préoccupons nous d'abord de ce que nous lui donnons. Il est digne de gloire, il mérite que nous lui rendions sa gloire, son honneur, et sa louange.

Rendez à Dieu ce qui est à Dieu et Jésus lui-même dit que la gloire appartient à Dieu.

Les hommes aiment la gloire, ils aiment être reconnus partout où ils passent alors que lorsque nous contemplons ce que Dieu est, ce qu'il a, ce qu'il fait, nous nous rendons compte que le seul qui doit être glorifié, reconnu, sanctifié, acclamé, honoré, c'est Dieu.

Celui que nous aimons a besoin de recevoir de nous des paroles valorisantes. Nos prières sont des parfums de bonne odeur qu'il reçoit. Nos prières sont douces à ses oreilles, elles sont agréables à lui. Dieu veut recevoir un doux parfum qui provient d'un cœur entièrement dévoué, un cœur qui le reconnaît sincèrement. Les paroles qui honorent, les mots que nous élevons pour sa gloire doivent être authentiques et vrais, nous n'avons pas besoin de les multiplier, citer juste son nom est déjà un parfum que nous répandons autour de son trône.

Le culte personnel est un temps que nous mettons à profit pour adorer Dieu avant de faire tout autre service.

Matthieu 4:10 : ***« Jésus lui dit: Retire-toi, Satan ! Car il est écrit: Tu adoreras le Seigneur, ton Dieu, et tu le serviras lui seul*** ». L'adoration vient avant tout autre service.

Dieu cherche de vrais adorateurs, des hommes qui ont le désir d'adorer Dieu. Souvenons-nous toujours que Dieu cherche des adorateurs. Que le culte personnel soit pour nous une occasion pour répondre à cet appel. Si Dieu cherche des adorateurs, c'est parce qu'il veut être adoré, s'il cherche des vrais adorateurs, c'est parce qu'il veut une adoration authentique et vraie. S'Il cherche de vrais adorateurs, c'est parce qu'ils sont rares. Une race en voie de disparition. Une race rare.

La prière est un des moyens d'exprimer notre amour pour Dieu. Dans une relation entre deux êtres, les expressions d'amour ne doivent pas que provenir que d'un seul mais les deux doivent se les exprimer mutuellement. Chacun exprime son amour pour l'autre. Dieu ne cesse de nous dire qu'il est amour et qu'il nous aime et chacun de nous vit cet amour individuellement. Nous devons à notre tour au travers de nos cultes ne jamais laisser passer les occasions de lui exprimer notre amour pour lui.

Le peuple de l'ancienne alliance adorait sans vraiment contempler Dieu, car leurs visages étaient voilés. Mais pour nous de la nouvelle alliance, nous adorons celui que nos yeux voient, il n'est plus caché derrière le voile. Nous pouvons élever un parfum de bonne odeur en sachant ce que nous faisons. Nous sommes ce peuple qui ne peut s'approcher sans adorer, car le voile déchiré, nous pouvons contempler l'admirable face à face.

Arrêtons d'être superficiels dans nos cultes, arrêtons de chercher d'abord ce qui nous fait plaisir ou ce que nous aimons, soyons profonds pour voir ce que les yeux ne voient pas, pour entendre ce que les oreilles n'entendent pas, pour que nos cœurs reçoivent ce que nous ne pouvons imaginer. C'est ce genre de culte personnel que nous sommes appelés à rendre à Dieu.

Tout ce que Dieu fait, Il le fait pour Sa gloire, c'est à nous de trouver dans ce qu'Il fait des sujets de Lui rendre gloire. Regardons autour de nous, nous verrons qu'il y a dix milles raisons pour nous de rendre gloire à Dieu. Poursuivons la gloire de Dieu, cherchons à rendre nos cultes agréables à Dieu et à Dieu seul. Trouvons notre bonheur à savoir que Dieu est honoré, glorifié, sanctifié, approchons-nous de lui tous les jours pour lui rendre un culte personnel agréable et spirituel.

Celui qui s'approche juste pour demander fait bien mais celui qui s'approche pour offrir à Dieu fait mieux. Anne montait chaque fois pour demander un fils, son visage restait le même mais le jour où elle est montée pour offrir un fils, Dieu a couvert le ciel et répandu sa gloire, son visage n'était plus le même.

2. Développer notre intimité avec Dieu

Plusieurs pensent que le mot intimité est lié directement à la sexualité, pourtant dans son vrai sens il signifie une relation étroite, un contact régulier, une communication permanente, des expériences communes, etc. Dans une relation intime, les limites tombent, on se dit tout, on se connaît en profondeur. L'intimité est la qualité de ce qui est intime, ce qui est profondément intérieur.

Pour atteindre cette vie d'intimité avec Dieu, nous devons apprendre à prier, à parler avec lui régulièrement. Dans la prière, la profondeur appelle la profondeur. Si nous laissons tomber nos barrières, Dieu se laissera découvrir à nous. Si nous déchirons notre voile, nous trouverons le sien déjà déchiré et lui nous attendant pour un vrai face – à – face.

Dans la prière sincère et profonde, nous devenons un avec Dieu. Dieu est profond avec ceux qui le sont devant lui. Le culte personnel développe en nous une vie intérieure qui ne peut être partagée qu'avec Dieu.

Une communication régulière est l'une des deux choses indispensables à l'intimité, celui qui désire une vie d'intimité avec Dieu doit apprendre à se retrouver seul avec Dieu dans le culte personnel. En passant du temps dans sa présence, nous découvrons, comprenons et apprenons ses gestes, ses mots, ses intentions, ses goûts, ses couleurs, sa volonté, ses projets, ses désirs cachés, ses pensées secrètes, etc.

Le culte personnel transforme tout en communication : les regards, la présence, l'atmosphère, les temps et les circonstances, tout devient un message que nous comprenons de celui que nous aimons. Le culte personnel est une réponse au besoin d'intimité avec Dieu. Un rendez-vous chaque jour seul avec Dieu nous rapproche de plus en plus de lui. S'asseoir régulièrement à ses pieds en s'abandonnant à lui est la meilleure part. Nous ne le faisons pas par routine mais parce que nous avons soif de parler avec lui, nous désirons ce moment d'entretien avec lui. Ces instants quotidiens entretiennent notre relation avec lui, nous le découvrons sous de nouvelles facettes et ainsi nous l'aimons plus.

Christ a donné sa vie pour rendre encore possible le rendez-vous du jardin d'Eden où Dieu venait souper avec l'homme et l'homme soupait avec lui. La mort de Jésus sur la croix a déchiré le voile pour que le face-à-face soit possible.

Ce face-à-face veut dire se connaître vraiment sans voile, sans barrière, se connaître jusqu'à devenir un. Nous communions profondément avec Dieu, nous nous unissons à lui et dans cette union, lui ne change pas mais c'est nous qui avons le privilège d'être transformés en son image.

Dans le culte personnel, la dévotion personnelle, le moment de recueillement, nous sommes le plus honnête possible en ce qui concerne nos faiblesses, nos défauts, nos sentiments, nos émotions, nos désirs cachés, nos penchants. Nous nous présentons à Dieu tel que nous sommes, sans crainte. Nous nous approchons avec assurance.

La sincérité du cœur est une exigence dans le culte personnel. N'oublions pas que nous sommes seuls avec lui dans la chambre et la porte est fermée pour laisser nos cœurs s'épancher. Nous lui ouvrons tout notre cœur, il n'y a pas d'hypocrisie, pas d'apparence, pas de superficialité, nous sommes sincères et authentiques. Il a déchiré son voile, faisons de même pour que rien n'empêche ce face à face des cœurs qui communient, qui s'unissent.

Celui qui confesse ses péchés, obtient miséricorde contrairement à celui qui les cache. Lors de la dévotion, nous devons reconnaître nos fautes, nos faiblesses, nos défauts, toutes ces barrières à notre intimité avec le Seigneur et les lui remettre, lui seul peut nous aider. Non seulement qu'il nous pardonne, mais il vient au secours à notre faiblesse pour nous rendre fort. Il est celui qui est capable non seulement de compatir mais aussi de nous relever quand nous sommes à terre. Auprès de lui, le cœur repentant trouve la force de ne plus retourner au péché abandonné.

J'ai connu une période de ma vie où l'intimité avec Dieu était devenue impossible à cause de la culpabilité que je ressentais en moi. Le diable avait réussi à me déconnecter de Dieu en mettant en moi le sentiment de culpabilité. Le culte personnel était devenu impossible, j'avais du mal à croire que Dieu entendait mes prières et moi-même j'étais devenu sourd à sa voix, aucune conversation personnelle et intime avec Dieu. Jusqu'à ce que je tombe sur ce verset :

1 Jean 2, 1-2 : « ***Mes petits enfants, je vous écris ces choses, afin que vous ne péchiez point. Et si quelqu'un a péché, nous avons un avocat auprès du Père, Jésus-Christ le juste. Il est lui-même une victime expiatoire pour nos péchés, non seulement pour les nôtres, mais aussi pour ceux du monde entier.*** » J'ai compris qu'après avoir confessé son péché, il est important de croire au pardon de Dieu obtenu à la croix.

Hébreux 4, 16 : « ***Approchons-nous donc avec assurance du trône de la grâce, afin d'obtenir miséricorde et de trouver grâce, pour être secourus dans tous nos besoins*****.** »

Le sang versé à la croix nous donne l'assurance que Dieu nous accepte dans sa chambre d'intimité pour communier avec Lui. Les pages sont vierges, elles sont toutes scellées, plus rien ne reste car le sang a coulé, ratification et justification par le sceau de l'alliance.

Dans le tabernacle, le voile déchiré, les chérubins ne sont plus présents à la porte pour nous empêcher d'entrer dans la chambre d'intimité avec Dieu, par contre ils ont les yeux fixés sur le sang versé dans le propitiatoire. Depuis que notre Souverain Sacrificateur est entré dans le tabernacle céleste avec Son propre sang, Dieu est devenu propice, favorable, notre entrée dans la chambre d'intimité pour le face-à-face a été rendue possible.

La Bible dit encore : « ***Déchargez-vous sur lui de tous vos soucis, lui prend soin de vous, …*** » (1 Pierre 5, 7). Les soucis, les fardeaux, la colère, l'amertume de l'âme, les blessures intérieures, et toutes les autres souffrances de l'âme doivent être présentées à Dieu lors de nos moments de dévotion. Nous nous déchargeons pour vivre la joie parfaite du Seigneur.

Un chrétien qui tient le culte personnel ne peut traîner avec lui des fardeaux, il vit la liberté, car le Seigneur prend soin de lui.

Psaumes 143, 1-12 : « ***Éternel, écoute ma prière, prête l'oreille à mes supplications! Exauce-moi dans ta fidélité, dans ta justice! N'entre pas en jugement avec ton serviteur! Car aucun vivant n'est juste devant toi. L'ennemi poursuit mon âme, Il foule à terre ma vie; Il me fait habiter dans les ténèbres, Comme ceux qui sont morts depuis longtemps. Mon esprit est abattu au dedans de moi, Mon cœur est troublé dans mon sein. Je me souviens des jours d'autrefois, Je médite sur toutes tes œuvres, Je réfléchis sur l'ouvrage de tes mains. J'étends mes mains vers toi; Mon âme soupire après toi, comme une terre desséchée. Hâte-toi de m'exaucer, ô Éternel! Mon esprit se consume. Ne me cache pas ta face! Je serais semblable à ceux qui descendent dans la fosse. Fais-moi dès le matin entendre ta bonté! Car je me confie en toi. Fais-moi connaître le chemin où je dois marcher! Car j'élève à toi mon âme. Délivre-moi de mes ennemis, ô Éternel! Auprès de toi je cherche un refuge. Enseigne-moi à faire ta volonté! Car tu es mon Dieu. Que ton bon esprit me conduise sur la voie droite! A cause de ton nom, Éternel, rends-moi la vie! Dans ta justice, retire mon âme de la détresse! Dans ta bonté, anéantis mes ennemis, Et fais périr tous les oppresseurs de mon âme! Car je suis ton serviteur.*** »

Lamentations 3, 19-21 : « ***Quand je pense à ma détresse et à ma misère, A l'absinthe et au poison; Quand mon âme s'en souvient, Elle est abattue au dedans de moi. Voici ce que je veux repasser en mon cœur, Ce qui me donnera de l'espérance. Les bontés de l'Éternel ne sont pas épuisées, Ses compassions ne sont pas à leur terme; Elles se renouvellent chaque matin. Oh! Que ta fidélité est grande!*** »

Dans ces passages nous voyons que lorsque nous sommes remplis des pensées négatives, d'amertume, des mauvais souvenirs, notre attention facilement sera détournée de Dieu et notre conscience chargée. Avec une conscience chargée, il est difficile de placer notre foi en Dieu pour nous approcher de lui.

Pour mieux nous approcher de Dieu, nous avons besoin de laisser de la place en nous, comme une terre labourée qui attend la graine. L'amertume et les soucis sont des épines qui étouffent ce que Dieu nous dit et qui nous empêchent de croire.

Jérémie nous parle du problème des pensées. Lorsque nous méditons sur nos souffrances, nos détresses, quand nous sommes remplis d'amertume, c'est comparable à du poison que nous prenons. Tout est problème de l'objet de notre méditation. A quoi pensons-nous ? Quelles sont les pensées que nous entretenons en nous ? Le moment de recueillement nous aide à renoncer aux pensées humaines pour embrasser la pensée divine. Elle (la méditation) est source de vie, de joie, de paix et non de poison.

Le culte personnel est le fait d'aller à la source comme Rebecca, nous devons nous y rendre tous les jours. Genèse 26, 16 dit qu'elle descendait à la source, remplissait sa cruche et remontait. Un exercice de chaque jour, descendre à la source, remplir sa cruche et remonter. Nous devons tous les matins y aller pour remplir notre cruche et remonter pour vaquer à nos occupations. Nos journées ont besoin de cette eau de la source. Et cette eau, c'est la pensée de Dieu. La cruche doit être vide pour être remplie. Une cruche pleine n'a pas besoin d'être remplie, elle doit d'abord être vidée pour être remplie d'une nouvelle eau. Notre cruche doit être vidée des pensées négatives, des soucis, de l'amertume, des blessures, des mauvais souvenirs qui remplissent nos cœurs, des échecs d'hier pour être remplis d'une autre eau qui coule de la source de Dieu.

Jérémie parle des bontés renouvelées. Allons donc à la source tous les matins puiser des bontés renouvelées. Les pensées de Dieu sont cette eau que nous devons puiser tous les matins pour toute la journée. Chaque matin, aux pieds de Jésus, nous trouvons des pensées renouvelées.

Ne commençons pas la journée avec une autre eau que celle que nous puisons de la source divine qui est intarissable. Ne nous contentons pas de la pensée d'hier mais allons tous les matins nous ressourcer des pensées divines renouvelées comme le peuple d'Israël qui ne devait ni ramasser, ni manger la manne de la veille. La manne était neuve tous les matins.

Une belle journée est celle que nous commençons remplis de la pensée de Dieu. Toute la journée nous serons en méditation pour avoir avec lui la même pensée, un même cœur, pour être un avec lui dans l'intimité. Nous verrons la journée comme Dieu la voit, nous aurons le même langage que lui, nous marcherons avec lui, nous serons ivres de sa joie et de sa paix, nous serons couverts de sa gloire et nous aurons le bonheur et la grâce comme compagnons. C'est ainsi qu'est la vie en intimité avec Dieu.

Dans le culte personnel, nous nous approchons de Dieu en renonçant à nous-mêmes. Plus nous nous rapprochons de lui, plus nous nous éloignons de nous-mêmes, plus nous nous éloignons du monde, plus nous nous éloignons de notre réalité pour embrasser la sienne.

Dans le culte personnel, nous ignorons tout ce que nous sommes, nous nous remettons à Dieu, à ce qu'il dit, à ce qu'il sait, nous nous abandonnons complètement à lui. Nous fermons les yeux à ce que nous voyons pour les ouvrir à ce que Dieu voit. Notre façon de voir les choses change, notre appréhension et notre entendement sont renouvelés.

Dans le culte personnel, nous entrons dans la chambre et fermons la porte pour ne pas être influencé par ce qui se passe dehors. Matthieu 6, 6 : « ***Quand tu pries, entre dans ta chambre, ferme ta porte, et prie ton Père qui est là dans le lieu secret, ...*** » Nous n'écoutons que Dieu et nous nous laissons pénétrer par lui au travers de sa parole.

L'intimité devient parfaite quand nous enlevons les barrières du péché, des soucis et de nous-même et le culte personnel nous aide à cela. Nous prenons soin de notre relation avec Dieu, en faisant ce qu'il faut pour la maintenir plus profonde. La présence de Dieu, ses paroles, ses bienfaits, sa main qui nous touche en profondeur, son oreille disposée à nous écouter sont les ingrédients qui alimentent notre intimité avec lui et que nous trouvons dans nos cultes personnels.

3. Connaître les pensées et les voies de Dieu

Au début de mon ministère, je me posais des questions pour être sûr de mon appel. Il me fallait connaître la pensée de Dieu. J'étais encore étudiant, je vivais au home des étudiants, j'avais l'habitude d'aller tous les matins dans une église encore en construction qui me demandait de traverser une sorte de brousse autour de 3 heures à 4 heures pour la prière.

Ce matin-là, dans mon culte personnel je lui avais demandé de me parler au sujet de mon appel. Et ce jour-là, j'ai croisé un homme qui m'a demandé juste la signification de mon prénom et pour moi, j'avais compris que c'était la réponse de Dieu à ma prière car Nathan veut dire «Dieu a donné», un don de Dieu. Je suis un don de Dieu comme le dit l'apôtre Paul, il a fait des dons aux hommes.

Prier est notre conversation avec Dieu. Dans la prière, il nous révèle sa pensée, ses voies, il nous fait connaître sa volonté. Moïse qui parle avec Dieu comme avec son ami va lui dire : « ***Si j'ai trouvé grâce à tes yeux fais-moi connaître tes voies.*** » (Exode 33, 13)

Arrêtons avec les cérémonies, les rituels, les récitations, les habitudes dans la présence de Dieu. Prier est un moment de causerie, d'entretien, de conversation intime. Laissons-nous emporter par les vagues de son Esprit. Nous ne savons pas comment prier, nous n'en savons pas grand-chose, c'est le Saint-Esprit qui met en nous des soupirs inexprimables. Apprenons à voir, à contempler et à écouter Dieu dans son silence.

3.1. S'approcher pour écouter

Ecclésiaste 4, 17 : « ***Prends garde à ton pied, lorsque tu entres dans la maison de Dieu; approche-toi pour écouter, plutôt que pour offrir le sacrifice des insensés, car ils ne savent pas qu'ils font mal.*** »

Pour que notre culte ne soit pas semblable à ceux des autres religions, nous ne devons pas nous limiter à élever la voix vers Dieu, notre culte trouvera son sens dans l'écoute de Dieu.

Un culte sans écouter Dieu est incomplet. Quand nous prions, que nos oreilles spirituelles soient attentives pour écouter Dieu nous parler. Le culte personnel sans écouter Dieu, à la longue devient ennuyeux, il perd son goût, il n'est plus une causerie intime avec Dieu, il ne répondra pas à notre soif, il sombre dans la routine.

Trop souvent, nos prières sont à sens unique : nous ne cessons de parler ! Beaucoup se plaignent de ne pas avoir grand-chose à dire à Dieu dans leurs cultes personnels, ils sont obligés de se répéter parce qu'en fait, ils ne laissent pas à Dieu le temps de leur parler à son tour. Ils ne laissent pas Dieu mener la causerie. Nous savons combien il est agaçant d'avoir un interlocuteur qui ne nous laisse pas le temps de parler, qui monopolise la parole.

Mes cultes personnels devenaient monotones et ennuyeux parce qu'avant même de rendre à mon lieu de rendez-vous, je savais comment les choses allaient se passer, je prévoyais tout et ne laissais pas Dieu mener la danse. Me réveiller à mes heures de rendez-vous devenait de plus en plus difficile car je ne trouvais plus ma joie dans mes cultes personnels. Le jour où j'ai compris que le culte personnel est une causerie où je ne peux ramener les mêmes paroles d'hier, même s'il s'agit d'un même sujet, je ne peux m'exprimer comme hier. Et par-dessus tout, j'ai compris que c'est Dieu qui doit conduire le culte, le diriger, l'inspirer, Il doit prendre le devant, me dire ce qu'Il attend de moi. J'ai retrouvé le bonheur de le rencontrer, la joie qu'il y a dans les surprises qu'Il me réserve, des moments de qualité devant Lui. Je sens la liberté du Saint-Esprit, Dieu se révèle à moi, m'introduit dans ses secrets, m'ouvre les portes de Sa sainteté, me fait voir Sa grandeur, Son amour, Sa nature, et je deviens comme Lui. Des fois dans Sa présence, j'oublie le temps qui passe, Ses paroles me rapprochent tellement de Lui. Il y a eu des jours où Il attend de moi juste un cantique pendant tout le culte personnel, des jours où Il n'a pas arrêté de me parler sans me laisser le temps de répondre, des jours où Il m'a renvoyé dormir pour me parler dans mon sommeil, ces belles expériences m'ont encore plus rapproché de Lui.

Si c'est Lui qui dirige, nous profiterons entièrement de nos cultes personnels, nous obtiendrons pleine satisfaction. Laissons parler en premier et nous communiquer sa pensée pour le moment de culte personnel, pour la journée, pour notre avenir.

Nous devons apprendre à être attentif pour saisir la pensée de Dieu quand nous prions.

En faisant cela, nous découvrons une autre dimension de causerie avec Dieu, une nouvelle façon de devenir son partenaire. Nous quittons la routine et les répétitions, nous le laissons nous diriger, nous utiliser et nous donner la possibilité de travailler avec lui.

3.2. Les causes qui font que plusieurs prient sans écouter Dieu

- Beaucoup ne sont pas conscients de la présence de Dieu capable de parler. La prière est un moyen pour eux de se défouler, ils prient mais n'attendent pas que Dieu leur parle. Ils croient que Dieu est capable d'exaucer leurs prières mais ne s'attendent à ce que Dieu les exauce en leur parlant. Dieu ne limite pas à faire des miracles, il peut aussi donner une parole de consolation, dire un mot d'encouragement dont nous avons besoin, révéler sa volonté ou sa pensée, donner une orientation, inspirer, donner une idée.
- Plusieurs aussi limitent Dieu à une seule façon de parler, soit la prophétie, soit la prédication, alors que Dieu a une multitude façons de parler. « ***Dieu parle tantôt d'une manière, tantôt d'une autre.*** » (Job 33, 14). Il peut utiliser n'importe quoi, n'importe qui, un chant, un fait, une circonstance, une histoire, un sentiment, une émotion, une pensée, tout pour nous parler.
- Plusieurs aussi limitent Dieu au temps de la prière pour répondre à leurs prières. Dieu répond toujours au bon moment. Pour ceux qui le cherchent, il se révèle à eux, sa réponse peut même précéder la prière, c'est à eux d'être attentifs et de maintenir l'attitude de prière dans ce qu'ils font comme activité.
- D'autres par contre savent que Dieu parle et peut passer par tout moyen pour le faire, mais ils sont sourds d'oreilles, ils sont incapables de capter le message de Dieu. L'apôtre Jean dit que celui qui a des oreilles entendent ce que l'Esprit dit aux églises. Les oreilles et les yeux spirituels doivent rester ouverts pour recevoir la pensée de Dieu. Dieu parle mais ils n'entendent pas sa voix. Ils sont distraits, endormis, pressés, préoccupés par autre chose, ils ne peuvent entendre Dieu leur parler.
- La désobéissance par rapport à ce que Dieu a déjà dit. Dieu ne peut pas donner une nouvelle orientation tant que la première n'est pas suivie. Dieu ne peut faire un deuxième pas que lorsque nous marchons avec lui.

Lorsque nous nous approchons de Dieu, soyons lents à lui parler et prompts à l'écouter, nous découvrirons la joie de parler avec lui, la prière cessera d'être ennuyeuse, une récitation ou une routine, elle deviendra une véritable causerie, une source de bonheur profond.

3.3. Ecouter pour recevoir la pensée de Dieu

Quand nous avons vu, entendu, quand il a placé sa pensée dans nos cœurs, nous ne sommes plus la même personne. Nous agissons différemment, nous réagissons autrement, nous ne parlons plus comme d'habitude, nous sommes transformés par sa pensée. Sa parole nous communique sa pensée et nous montre ses voies quel que soit le moyen utilisé pour nous parler. Il nous révèle sa manière de faire et de voir les choses, il nous montre ses voies, il nous guide, il nous dirige, il nous conduit. Le psalmiste dit dans le Psaume 119, 97-105 : « ***Combien j'aime ta loi ! Elle est tout le jour l'objet de ma méditation. Tes commandements me rendent plus sage que mes ennemis, Car je les ai toujours avec moi. Je suis plus instruit que tous mes maîtres, Car tes préceptes sont l'objet de ma méditation. J'ai plus d'intelligence que les vieillards, Car j'observe tes ordonnances. Je retiens mon pied loin de tout mauvais chemin, Afin de garder ta parole. Je ne m'écarte pas de tes lois, Car c'est toi qui m'enseignes. Que tes paroles sont douces à mon palais, Plus que le miel à ma bouche ! Par tes ordonnances je deviens intelligent, Aussi je hais toute voie de mensonge. Ta parole est une lampe à mes pieds, Et une lumière sur mon sentier***. »

Le psalmiste avait compris combien était bonne l'influence de la parole de Dieu sur sa vie et sa personne. Ecouter Dieu est le plus grand bien.

Autant les cieux sont élevés au-dessus de la terre, autant ses pensées et ses voies sont élevées au-dessus de nos pensées et nos voies. Désirons l'altitude, acceptons l'invitation à monter, cherchons la hauteur, soupirons après ses pensées supérieures, plongeons nos regards dans le grand miroir, laissons-nous éclairer par le grand chandelier d'en haut, laissons nos yeux ouverts sur ce qu'il dit, écoutons Dieu dans ce qu'il fait.

La pensée de Dieu nous donne les ailes de l'aigle qui nous permettent de planer sur les vents qui soufflent et de surfer sur les tempêtes de la vie. Nous sommes élevés au-dessus des vents et des tempêtes. Ainsi, malgré les circonstances difficiles, nous rirons, et ne serons plus abattus par la vie et ses déboires. Tant que nos pensées ne seront pas conformes à la pensée de Dieu, il nous sera difficile de le suivre, d'être où il nous veut et de marcher à la même vitesse que lui.

Pour avancer suivant le mouvement de la colonne de nuée, il fallait lever les yeux et regarder vers le haut. Tant que nous n'avons pas nos yeux sur les pensées élevées de Dieu, nous ne pourrons marcher au même rythme que lui.

L'apôtre Paul dit que l'Esprit que nous avons reçu sonde les profondeurs de Dieu. Il est en nous pour nous révéler la pensée et les voies de Dieu. Laissons l'Esprit nous inspirer, nous conseiller, nous introduire dans les voies que Dieu trace. Profitons de sa présence en nous, il sait exactement ce qu'il nous faut. Les eaux d'en haut qui représentent la pensée de Dieu doivent descendre sur nous, nous arroser, nous rafraîchir, comme une pluie afin de transformer les terres arides en un jardin pour l'Eternel.

4. Puiser une nouvelle dose de la gloire pour de plus en plus ressembler à Dieu.

2 Corinthiens 3, 18 : « ***Nous qui, le visage découvert, contemplons comme dans un miroir le Seigneur, nous sommes transformés en la même image que lui, de gloire en gloire par le Seigneur, l'Esprit.*** »

Sous l'ancienne alliance, Moïse seul eut le droit de contempler la gloire de Dieu. Sous la nouvelle, nous tous nous jouissons du privilège de refléter la gloire du Seigneur. Le moment de recueillement devient un moment de transfert de la gloire de Dieu sur nous. Chaque fois que nous nous approchons pour contempler Dieu, une quantité de sa gloire est déversée sur nous.

La gloire de Dieu c'est lorsque la nature de Dieu se manifeste en nous, nous devenons de plus en plus l'image du Dieu invisible.

Le mot utilisé dans ce verset pour parler de transformation ici est le même qui est utilisé pour parler de transfiguration. Luc spécifie que c'est « pendant qu'il priait » que Jésus fut ainsi transfiguré. La transfiguration fut la manifestation extérieure et visible d'une expérience intime.

La transfiguration s'est faite sur une haute montagne. Elle est un changement extraordinaire dans l'aspect du visage et des vêtements de Jésus, d'un resplendissant pareil à la lumière du soleil ou d'une blancheur extraordinaire. Il s'agit à n'en pas douter, d'un rayonnement émanant de l'être transfiguré lui-même. C'est une grande expérience au cours de laquelle Jésus communie intensément avec l'invisible.

Quand nous prions, nos vies rayonnent de la gloire de Dieu, nous allons d'une petite gloire vers une plus grande. Extérieurement, nos vies reflètent l'image du Dieu présent en nous qui se manifeste, là aussi nous le voyons, d'une manière progressive. Nous n'avons pas à faire des efforts pour refléter Christ, désirons juste ce moment de dévotion où nous nous focalisons sur lui, où nous ne contemplons que lui, nous portons toute notre attention sur lui, nous ne pourrons pas repartir tels que nous sommes.

La gloire de Dieu ne se reflète pas que sur le caractère mais plutôt sur tout notre être, ce que nous sommes, ce que nous avons, ce que nous faisons, tout revêt l'habit de la gloire de Dieu. Daniel qui priait trois fois par jour, avait une intelligence dix fois supérieure à celle des sages de Babylone. Personne ne peut avoir un culte personnel régulier et rester le même. Nous apprenons à aimer Dieu et notre prochain comme jamais nous l'avons fait. Nous apprenons à pardonner, à vivre une vie d'humilité, à supporter les faibles, à résister au péché, à intercéder au lieu de juger et condamner : nous grandissons. La gloire de Dieu se reflète sur notre intelligence, nos projets, nos entreprises, notre caractère, nos habitudes, nos pensées, sur tous les domaines et aspects de la vie.

Le jeune Gédéon va vivre cette transformation quand il va rencontrer Dieu. Le peureux est changé en vaillant héros. Il a vaincu la grande armée innombrable de Madian avec juste trois cents soldats.

5. Développer la vie intérieure

La vie intérieure n'est pas un abri, ni un refuge, elle est une vie secrète qui se nourrit de prière. Une vie intérieure ne peut naître que d'un cœur profondément épris de Dieu.

Nous sommes agités, nous bougeons beaucoup, nous parlons et aimons faire du bruit, il nous est impossible de rester tranquilles, nous devons pourtant apprendre à nous arrêter, à rentrer en nous-mêmes, à battre retraite de temps en temps.

La vie intérieure se développe par des cultes et des retraites de prière personnels.

2 Corinthiens 13, 5 : « ***Examinez-vous vous-mêmes, pour savoir si vous êtes dans la foi; éprouvez-vous vous-mêmes. Ne reconnaissez-vous pas que Jésus-Christ est en vous ? À moins peut-être que vous ne soyez réprouvés***. »

Luc 15, 17 : « ***Étant rentré en lui-même, il se dit: Combien de mercenaires chez mon père ont du pain en abondance, et moi, ici, je meurs de faim!*** »

Rentrer en soi même est une chose rare pour cette génération, prendre le temps de nous éprouver nous-mêmes et de nous examiner. La vie intérieure, c'est lorsque nous reconnaissons la présence de Dieu en et prenons le temps de parler avec lui intérieurement. Actuellement, la routine de la vie prend le pas sur la vie intérieure, nous faisons les choses sans nous poser la question de savoir pourquoi nous les faisons et dans la plupart des cas, c'est seulement parce que tout le monde le fait que nous le faisons aussi. Même la prière est devenue une affaire générale de tout le monde, aucune communion, ni de relation personnelle avec Dieu.

La vie intérieure est sérieuse, pensive, méditative, elle est pour les consacrés, les dévoués, ceux qui prennent le temps de parler seuls avec Dieu.

Le culte personnel développe en nous la vie intérieure, tandis que la vie intérieure favorise des merveilleux moments de prière. Le culte personnel s'épanouit dans une atmosphère de véritable vie intérieure. Il est facile de prier quand nous sommes dans un esprit de vie intérieure.

Les grâces et les dons spirituels sont nourris et se développent dans un environnement de vie intérieure. L'absence de celle-ci entraîne la mort de ces grâces.

Dieu parle mais personne pour entendre, nous sommes tellement préoccupés par autre chose.

Une personne qui a une vie intérieure est comparée à la terre labourée qui est prête à recevoir le grain et porter des fruits. Il est comme Habacuc, à son poste, sur la tour, qui veillait pour voir ce que l'Eternel lui dirait.

La version BDS le dit mieux : « ***Je me tiendrai à mon poste de garde, je resterai debout sur le fort du guetteur et je guetterai pour savoir ce que Dieu dira.*** » (Habacuc 2, 1)

Le guetteur est celui qui était placé dans un phare pour signaler les bâtiments en vue, pour recevoir leurs signaux et y répondre. C'est aussi un soldat chargé de veiller dans un poste d'écoute.

La vie intérieure, c'est lorsque nous veillons pour entendre ce que notre maître, notre berger nous dit. Etre à Son écoute, prêter l'oreille. Celui qui a une vie intérieure, il sait détecter les signaux que Dieu lui envoie au travers des circonstances, au travers des hommes, au travers de tout ce qu'il peut rencontrer.

Quand nos pensées sont emportées par le monde extérieur, toute notre attention est sur ce qui est extérieur, il nous sera difficile d'expérimenter la vie profonde avec Dieu, nous devenons superficiels.

Esther, la reine, mais elle n'a pas saisi la première l'action à entreprendre pour sauver le peuple juif. Il a fallu que Mardochée vienne la réveiller et lui dire ce qu'il fallait faire. Sans vie intérieure, la prière n'est qu'une coquille vide, des paroles en l'air. Nous vivons cette ère toujours pressés, affairés, actifs là où on devait s'arrêter. Et même nos églises sont envahies par le même esprit d'agitation. Nous prions sans parler avec Dieu. Nous chantons sans nous adresser à celui à qui la chanson est adressée. Nous avons de la musique et des danses sans qu'elles ne soient des expressions de louange et d'adoration provenant du cœur. Nous fréquentons l'église à force d'habitude, et nous sommes contents quand c'est la fin du culte. Nous lisons notre chapitre de la Bible par habitude et nous nous sentons soulagés lorsque la tâche est accomplie. Nous avons le sens du devoir accompli. Or le devoir, souvent on le fait par obligation, pas toujours par amour. Nous prions machinalement comme un écolier qui récite sa leçon par cœur, les mêmes paroles, les mêmes versets récités, les mêmes mots tous les jours. Nos cœurs sont loin de ce que nous faisons. Nous engageons nos mains, nos pieds, nos voix, notre argent, tout sauf le cœur, il n'y a plus d'affection, plus de désir, plus de soif, plus de zèle.

« ***Le Seigneur dit: Quand ce peuple s'approche de moi, Il m'honore de la bouche et des lèvres; mais son cœur est éloigné de moi, Et la crainte qu'il a de moi n'est qu'un précepte de tradition humaine.*** » (Esaïe 29, 13). Il n'y a plus de communion rien que la tradition. Il n'y a plus de vie, tout est superficiel.

Le culte personnel vient nous ramener à cette vie intérieure, il nous fait partir des eaux qui nous arrivent au niveau des chevilles vers des eaux profondes de la communion avec Dieu. Il faut que Pierre se retrouve seul avec Jésus dans la barque pour aller dans les eaux profondes et là la pêche est miraculeuse.

Pendant toute la scène depuis son arrestation jusqu'à sa crucifixion, Jésus a demeuré dans un esprit de vie intérieure alors qu'il vivait les tourments de l'extérieur grâce à ces heures de prière personnelle dans le jardin de Gethsémané où un ange est venu pour le fortifier. Grâce au culte personnel, il a été transformé, il en est sorti fort et capable de traverser l'épreuve de la croix. Extérieurement, il paraissait faible, semblable à un agneau que l'on mène à la boucherie, il n'a point ouvert sa bouche alors que pendant ce temps intérieurement il était fort et revêtu de puissance, il accomplissait l'œuvre la plus grande qui soit qui concernait le salut de l'humanité. Extérieurement, il paraissait perdre le combat, il mourait, alors qu'intérieurement, il était victorieux et descendait dans le séjour des morts pour délivrer ceux qui étaient morts avec espérance.

Le culte personnel nous ramène à l'essentiel, à la vie intérieure où nous connaissons la vraie réalité des choses.

Les obstacles à la vie intérieure :

- Le conformisme au siècle présent qui veut dire prendre la forme de ce siècle, suivre le modèle mondain alors que nous devons nous laisser transformer par le renouvellement de l'intelligence afin d'être capable de discerner la volonté de Dieu, ce qui est bon, agréable et parfait. Le conformisme nous éloigne de ce qui est bon, agréable et parfait. Il nous éloigne de la volonté de Dieu alors que la vie intérieure nous y ramène.
- Les inquiétudes de la vie et les soucis de ce siècle qui sont des épines qui étouffent la pensée de Dieu en nous.
- Le monde en ses trois dimensions, la convoitise de la chair, la convoitise des yeux et l'orgueil de la vie.
- Les conflits interpersonnels.
- Le péché, la conscience chargée.

Ces choses nous refoulent vers l'extérieur, vers la réalité humaine lorsque nous tentons de pénétrer la réalité divine par une vie intérieure.

CHAPITRE V : UN BON CULTE PERSONNEL

1. Un bon culte personnel

Un culte est un hommage que l'on rend à Dieu. Le vrai culte touche tous les aspects de la vie de l'adorateur. L'apôtre Paul dit : « ***Soit donc que vous mangiez, soit que vous buviez, soit que vous fassiez quelque autre chose, faites tout pour la gloire de Dieu.*** » Le culte, ce n'est pas le rituel ou les cérémonies, c'est accomplir la volonté de Dieu.

Un bon culte est aussi appelé un culte spirituel, un culte raisonnable, c'est le culte que Dieu agrée.

Romains 12, 1 : « ***Je vous exhorte donc, frères, par les compassions de Dieu, à offrir vos corps comme un sacrifice vivant, saint et agréable à Dieu, ce qui sera de votre part un culte raisonnable.*** »

Le culte qui plaît à Dieu est un culte spirituel qui consiste à nous offrir nous-même en sacrifice vivant, saint et agréable à Dieu. Ce culte consiste à renoncer à nous-même pour laisser Dieu se servir de nous. Un bon culte est celui où Dieu mène la danse, un culte où Dieu gère tout, où sa volonté seule s'accomplit.

Pour que notre culte soit agréable, il doit être considéré comme toute notre vie et non seulement le moment du rendez-vous. Le culte est agréable quand nous nous sommes offerts nous-mêmes comme un sacrifice de bonne odeur. C'est la raison pour laquelle, le sacrifice d'holocauste ne pouvait manquer lors de tout rituel dans l'ancienne alliance.

Dieu ne peut pas diriger notre culte personnel s'il ne dirige pas toute notre vie. Le culte personnel ne peut être agréable lorsque notre vie ne l'est pas.

Jésus, en parlant à la femme samaritaine va lui dire que le culte qui plaît à Dieu est celui qui est fait en esprit et en vérité, une autre version parle de par l'Esprit (BDS), un culte spirituel.

Celui qui reste charnel dans son culte ne peut plaire à Dieu quel que soit ce qu'il pourra faire dans ce culte, la beauté du culte, son organisation, les belles paroles, les beaux cantiques ou les bonnes répartitions.

Un culte doit être dirigé par le Saint Esprit pour être agréable à Dieu. Il doit être inspiré entièrement par lui pour plaire à Dieu. Nous ne savons pas comment prier, nous sommes trop faibles pour plaire à Dieu avec nos mots et ce que nous savons faire.

Autant les cieux sont élevés au-dessus de la terre, autant les pensées de Dieu sont élevées au-dessus de nos pensées. Mais le Saint Esprit sonde les profondeurs de Dieu, il connait la pensée de Dieu, il est le seul à faire les choses selon la pensée parfaite de Dieu.

Dieu n'est réjoui que par lui-même, personne d'autre. Un culte, pour qu'il plaise à Dieu, doit être inspiré par Dieu lui-même. La sagesse humaine, la connaissance des hommes, l'expérience ne pourront transporter l'homme jusqu'au trône de Dieu.

Dans le sanctuaire où nous offrons le culte, il n'y a pas de lumière naturelle, pas de lumière du soleil, il n'y a que la lumière du chandelier. Dieu avait exigé que la couverture du tabernacle soit faite de manière à ne faire pénétrer aucun rayon solaire dans le sanctuaire. Seule la lumière du Saint Esprit nous éclaire pour offrir un culte personnel agréable à Dieu.

Le Saint Esprit n'a pas un autre instrument que la Parole de Dieu pour nous guider. Le culte agréable à Dieu se fait selon la Parole de Dieu, d'où l'importance de celle-ci dans nos cultes. Prier, c'est parler avec Dieu. Un bon culte est celui où nous donnons à Dieu la parole en premier pour mener la causerie.

Dans ce contexte, la routine et l'habitude n'ont pas de place. Un culte est bon, pas lorsque nous pensons qu'il est bon, mais uniquement quand Dieu le trouve agréable. C'est pour cette raison que l'apôtre Paul va dire : « ***Ne vous conformez pas au siècle présent mais soyez transformés par le renouvellement de l'intelligence pour discerner quelle est la volonté de Dieu, ce qui est bon, agréable et parfait.*** » (Romains 12, 2). Ce que nous aimons, ce qui est agréable pour les hommes de ce siècle, ce qui est à la mode, ce que nous avons l'habitude de faire, ne détermine pas forcément ce qui plaît à Dieu. Pour savoir ce que Dieu veut, c'est lorsque le Saint Esprit renouvelle notre intelligence et nous aide à voir les choses comme Dieu les voit.

L'apôtre Jean va donner un secret de la réussite du culte, il dit : « ***Nous avons cette assurance auprès de lui que si nous demandons quelque chose selon sa volonté, il nous écoute.*** » (1 Jean 5, 14)

Quand le culte est fait selon la volonté de Dieu, il monte vers le trône de Dieu comme un parfum de bonne odeur. Tout commence par nous offrir nous-même, renoncer à notre volonté et laisser le Saint Esprit nous conduire selon la volonté parfaite de Dieu.

2. Les obstacles à un bon culte (spirituel)

Le culte personnel connaît souvent des obstacles qui se dressent pour l'empêcher d'être agréable à Dieu. Nous allons en citer quelques-uns et voir comment les surmonter.

2.1. La conscience chargée

Quand notre conscience est chargée, il est difficile de placer notre foi en Dieu. La conscience chargée étouffe notre foi, nous empêche de croire en ce que Dieu est capable de faire. La recommandation de Paul à Timothée est : « ***Combats le bon combat en gardant la foi et une bonne conscience. Cette conscience, quelques-uns l'ont perdue, et ils ont fait naufrage par rapport à la foi.*** » (1 Timothée 1, 18-19)

Le péché et les mauvais souvenirs viennent charger notre conscience. Quand nous ne croyons pas au pardon divin, il nous sera impossible de croire en sa présence. Le Saint Esprit ne peut agir là où la culpabilité règne. Une conscience chargée est comparée à un mur que nous dressons entre Dieu et nous. Une personne dont la conscience est chargée ne résiste pas dans la présence de Dieu, elle sentira une sécheresse pendant son culte personnel.

Jésus fait remarquer à l'église d'Ephèse que son amour pour lui n'est plus comme au premier jour. Le péché non confessé refroidit notre amour pour Dieu, éteint la flamme et élargit la distance entre Dieu et nous.

Le feu s'éteint, ce qu'il faut faire, c'est de retourner sur nos pas, c'est de regarder où nous sommes tombés et nous repentir en plaçant notre foi en Dieu pour obtenir son pardon et libérer ainsi notre conscience.

2.2. La distraction, le manque de concentration

La distraction, c'est lorsque nos pensées ne sont pas dans la prière que nous faisons. Cela arrive lorsque nos pensées sont remplies d'autres choses de Dieu.

Pendant le culte, toutes nos pensées doivent être focalisées sur la personne avec qui nous parlons en prière.

Le problème de la distraction ne commence pas toujours pendant le culte, il commence des fois avant même le moment du culte. Ce qui entre en nous avant et pendant le culte fait que les pensées s'envolent alors qu'elles doivent être focalisées sur Dieu.

Qu'est-ce que c'est énervant de parler avec une personne qui a les pensées ailleurs, qui n'entend pas alors que nous lui parlons, qui ne voit pas alors que nous lui montrons des images. Dieu se retrouve en train de parler avec des sourds et des aveugles. Dieu sème dans une terre non préparée à recevoir la graine. Dans ce cas dit Jésus, la graine ne produira jamais. La terre doit être labourée pour recevoir la graine, la cruche vidée pour recevoir la nouvelle eau, le cœur disposé à recevoir la pensée de Dieu.

C'est ici qu'intervient la notion de discipline. Dieu dit au prophète : « ***Sur tes murs, Jérusalem, j'ai placé des gardes qui ne se tairont ni le jour ni la nuit.*** » (Esaïe 62, 6).

Les gardes sur les murs veillent sur tout ce qui vient pour entrer, tout ce qui entre et tout ce qui sort. Ils jouent en même temps le rôle d'alarme quand un danger guette. Chacun doit ainsi se discipliner, placer des gardes qui sonnent l'alarme quand quelque chose vient pour entrer dans nos pensées. Nous devons veiller sur ce que nous mettons dans nos cœurs. C'est facile à entrer mais difficile à sortir, facile à être semé mais difficile à être déraciné. Beaucoup se retrouvent avec des préjugés, des fausses convictions tellement enracinées qui ne peuvent sortir sans laisser des traces, des blessures ou des cicatrices. Que des inspirations du Saint Esprit oubliées, ignorées, abandonnées à cause de fausses convictions dans nos cœurs. Nos pensées de niveau inférieur combattent la pensée de Dieu de niveau supérieur. Dieu a parlé mais nous avons du mal à retenir ce qu'il a dit, le monde et le siècle présent nous influencent tellement avec ses pensées enracinées en nous. Nous nous conformons aux pensées mondaines d'aujourd'hui au lieu de nous laisser transformer par la pensée de Dieu. Faisons attention à ce que nous regardons, entendons, lisons et laissons entrer dans nos cœurs. La distraction, c'est aussi un manque de concentration sur la personne et l'œuvre de Jésus Christ. Tout doit être fait pour Christ, en Christ, par Christ et comme Christ.

Etre distrait, c'est prier en ayant sa petite idée, son plan B, ses propres calculs, ses raisonnements. Nous nous approchons de Dieu mais nos pensées sont émiettées, nos sentiments dispersés sous mille sollicitations mondaines qui nous empêchent de connaître et de croire au plan de Dieu. Souvent nous manquons le miracle parce que nous avons nos propres calculs.

Attendons-nous à vivre le miracle, à voir des choses que les yeux n'ont pas vues, à entendre des choses que les oreilles n'ont pas entendues, à recevoir dans nos cœurs des choses que nous ne pouvons imaginer, à vivre de nouvelles expériences. Soyons prêts à voir Dieu comme nous ne l'avons jamais vu et surtout à obéir à ce qu'il dit.

2.3. La monotonie, l'ennui

Ce qui est plus important dans le culte personnel, ce n'est pas de partager des informations, mais plutôt d'entretenir la relation avec Dieu. Beaucoup considèrent le moment de prière comme d'abord un temps où ils doivent parler de leur problème à Dieu. Votre Père sait de quoi vous avez besoin, disait Jésus. Le culte personnel devient monotone et ennuyeux quand c'est nous qui décidons de ce qu'il sera. Laissons Dieu nous surprendre. Il peut nous conduire dans des dimensions et des profondeurs des eaux de sa présence jusqu'à nous enivrer. Lui parler de nos problèmes est aussi une recommandation mais donnons plus d'importance à la relation avec lui que nous entretenons dans le culte personnel.

C'est un moment délicat, un moment de partage pas d'abord d'information mais plus de sentiments, nous faisons part à Dieu de nos sentiments, le sentiment d'amour, de joie, de paix, de peur, de doute, tout sentiment que nous avons, nous nous ouvrons à lui.

Quand la routine s'empare de notre relation avec Dieu, elle fait avorter toute tentative de dialogue avec lui. Nous perdons le goût de la prière quand nous devons faire la même chose tous les jours. La même prière d'action de grâce, la même prière d'adoration, la même formule de supplication, les mêmes versets utilisés, les mêmes cantiques chantés, la même position, facilement la prière devient une récitation, elle n'est plus une vie. Surtout quand le ciel nous paraît sourd et muet, aucune réponse de Dieu.

Il y a diversité d'opérations, le Saint – Esprit a de multiples façons de se manifester. Ne soyons pas bornés à celles que nous avons l'habitude de voir. Laissons – nous être emportés par les vagues du Saint – Esprit, vers de nouveaux horizons où nos âmes se plairont à mieux connaitre Dieu et à être surprises des beautés et des secrets de son palais. Nous avons besoin d'ingrédients qui alimentent le culte, qui lui donne une autre dimension tous les jours.

En voici quelques-uns :

- Reconnaître Dieu dans tous les faits que nous vivons, dans toutes les personnes que nous rencontrons, nous permet d'avoir des éloges différents chaque jour pour Dieu et d'une manière authentique.

- Nous ressourcer dans la Bible, au travers de la méditation et des études bibliques. La Bible est un ensemble des livres historiques, poétiques, prophétiques et autres. La Bible est un livre d'actualité quand on le lit avec l'aide du Saint Esprit. Le psalmiste demandait à Dieu de lui ouvrir les yeux pour contempler les merveilles de sa parole. Après une bonne lecture, une bonne méditation, une bonne étude de la Bible, nous ne pouvons manquer des choses à partager avec Dieu dans nos cultes.

- Les différentes expériences, bonnes ou mauvaises, que nous connaissons, nous ouvrent les yeux à la grandeur de Dieu, à son amour, à sa sainteté, à ce qu'il est, à ce qu'il a, à ce qu'il fait, à ce qu'il sait. Cette contemplation et cette admiration nous plongent dans un culte authentique sans monotonie.

- Le Saint Esprit est le parfait guide dans notre causerie avec Dieu. Par lui, nous découvrons la pensée profonde de Dieu et le véritable besoin de celui que nous voulons prier. Très souvent, nous nous fions à ce que nous voyons pour formuler nos sujets de prière alors que Dieu connaît et peut nous révéler le véritable problème. Pendant que Samuel pleurait sur Saül, Dieu était déjà sur quelqu'un d'autre qu'il avait choisi. Ecouter la voix du Saint Esprit dans nos cultes nous permet de prier avec exactitude et nous sortir de la monotonie.

3. Prier par soif de Dieu, la bonne attitude pour un culte agréable

Psaumes 63 : « ***Comme une terre aride, un terrain desséché, sans eau, ainsi est ma soif pour Dieu.*** »

Beaucoup se donnent à la prière, ils ont du zèle pour parler avec Dieu mais il leur manque quelque chose : le tendre et ardent amour pour Dieu. C'est comme quand il écrit à l'église d'Éphèse, il lui dit qu'il apprécie son travail, sa persévérance, il est touché par le fait que l'église a souffert à cause de son nom et qu'elle ne s'est point lassée. Mais malgré tout ce zèle, l'église ne l'aimait plus comme au premier jour, elle avait perdu son premier amour.

Elle avait gardé les mêmes habitudes, le même comportement mais il n'y avait plus l'ingrédient qui donnait de la beauté et faisait de toutes ses œuvres un sacrifice de bonne odeur, d'un parfum agréable, il n'y avait plus ce qui rend fou, qui rend aveugle aux réactions des autres, il n'y avait plus l'amour.

Où sont partis le chant du cœur, la passion pour Dieu, l'amour comme une flamme ?

Le psalmiste disait : « ***Je suis dans la joie quand on me dit : Allons dans la maison de l'Éternel!*** » (Psaumes 122, 1). Il dit encore : « ***L'amour que j'ai pour ta maison est comme une flamme qui me dévore*** ». (Psaumes 69, 10).

Asaph disait dans les psaumes : « ***Quel autre ai-je au ciel que toi! Et sur la terre je ne prends plaisir qu'en toi. Ma chair et mon cœur peuvent se consumer: Dieu sera toujours le rocher de mon cœur et mon partage. Pour moi, m'approcher de Dieu, c'est mon bien: Je place mon refuge dans le Seigneur, l'Éternel, Afin de raconter toutes tes œuvres.*** » (Psaumes 73, 25-28).

Le prophète Ésaïe ajoutait en disant : « ***Mon âme te désire pendant la nuit, Et mon esprit te cherche au dedans de moi, …*** » (Ésaïe 26, 9).

Habakuk disait à son tour : « ***Car le figuier ne fleurira pas, La vigne ne produira rien, Le fruit de l'olivier manquera, Les champs ne donneront pas de nourriture; Les brebis disparaîtront du pâturage, Et il n'y aura plus de bœufs dans les étables. Toutefois, je veux me réjouir en l'Éternel, Je veux me réjouir dans le Dieu de mon salut. L'Éternel, le Seigneur, est ma force; Il rend mes pieds semblables à ceux des biches, Et il me fait marcher sur mes lieux élevés.*** » (Habakuk 3, 17-19).

Une prière faite qui ne vient pas de ce désir de rencontrer Dieu est superficielle. La joie dans la prière vient du fait que nous rencontrons Dieu. Dans la présence de Dieu, les sentiments suivants doivent se manifester : la paix, la joie, la sécurité, la conviction intérieure, la plénitude, etc.

Nous prions parce que nous avons soif de Dieu. Nous aimons tellement Dieu que nous trouvons la joie à rester dans sa présence. Nous prions par passion pour Dieu. Nous prions pour être comblé. Nous prions pour que la paix inonde nos cœurs à cause du sentiment de sécurité qu'il y a à rester à ses côtés. Nous prions pour que la joie soit parfaite. Nous prions parce que nous voulons de plus en plus connaître Dieu, le découvrir de jour en jour.

Ce n'est pas parce que c'est un ordre que nous prions. Notre relation avec Dieu est basée sur l'amour, la conversation avec celui que nos cœurs aiment ne peut en aucun cas être pour nous une obligation, moins encore une corvée. Prier, pour nous est une nécessité, un besoin, un désir, une soif, une faim, nous ne pouvons vivre sans prier. « ***Comme une biche soupire après des courants d'eau, ainsi mon âme soupire après la présence de Dieu que je trouve dans la prière*** » (Psaumes 42, 2).

Cantique 2, 7 – 14 : « ***Je vous en conjure, filles de Jérusalem,***

Par les gazelles et les biches des champs,

Ne réveillez pas, ne réveillez pas l'amour,

Avant qu'elle le veuille. C'est la voix de mon bien-aimé!

Le voici, il vient,

Sautant sur les montagnes,

Bondissant sur les collines. Mon bien-aimé est semblable à la gazelle

Ou au faon des biches.

Le voici, il est derrière notre mur,

Il regarde par la fenêtre,

Il regarde par le treillis. Mon bien-aimé parle et me dit:

Lève-toi, mon amie, ma belle, et viens! Car voici, l'hiver est passé;

La pluie a cessé, elle s'en est allée. Les fleurs paraissent sur la terre,

Le temps de chanter est arrivé,

Et la voix de la tourterelle se fait entendre dans nos campagnes. Le figuier embaume ses fruits,

Et les vignes en fleur exhalent leur parfum.

Lève-toi, mon amie, ma belle, et viens! Ma colombe, qui te tiens dans les fentes du rocher,

Qui te caches dans les parois escarpées,

Fais-moi voir ta figure,

Fais-moi entendre ta voix;

Car ta voix est douce, et ta figure est agréable. »

Ce passage commence par, « ne réveille pas l'amour qui dort. » Parce que quand l'amour est réveillé, on ne peut ne pas se passer de la voix de celui que le cœur aime surtout pas de sa présence. Alors que celui que nos cœurs aiment et adorent se trouve dans nos moments de prière, la prière est donc indispensable. Quand l'amour pour Dieu est réveillé, la prière devient une soif, un désir et non une obligation par peur de la condamnation de la loi.

« Même dans la nuit, je cherche celui que mon cœur aime ». Quand la prière est le produit de l'amour pour Dieu, personne ne nous poussera à prier, nous – mêmes nous plongerons dans la profondeur de la prière pour rencontrer celui que nous aimons. Nous ne pouvons pas nous passer de ces instants d'intimité avec Dieu où nous puisons la nature et le caractère de Dieu, où Dieu nous transforme à son image de gloire en gloire.

« ***Tu aimeras le Seigneur ton Dieu de tout ton cœur, de toute ton âme, de toute ta pensée et de toute ta force*** » (Marc 12, 30). Dans notre relation avec Dieu, nous devons être profonds, nous devons donner nos cœurs, nos âmes, nos pensées et nos forces.

Tout le cœur, toute l'âme, toute la pensée et toute la force. Dieu veut tout, il ne veut pas d'une offrande à moitié, ni d'un cœur partagé, ni d'un sacrifice qui n'est pas entier. Dans notre relation avec lui, nous devons lui offrir tout notre cœur, toute l'âme et toute la force que nous avons. Dieu ne veut pas des hommes superficiels, des services sans engagement réel, il ne veut pas des personnes qui l'adorent juste des lèvres mais dont les cœurs sont éloignés de lui.

Le culte personnel exige de nous la communion d'amour avec Christ et passer du temps dans sa présence. Tout dépend de cela. Christ a quitté le ciel, a souffert et a été crucifié à la croix pour restaurer notre amour pour Dieu.

Le seul moyen de devenir plus intime avec Dieu, de nous maintenir dans la communion avec Dieu, d'étancher notre soif en trouvant Dieu, c'est de lui donner tout notre cœur dans la prière. Nous prions parce que nous avons soif de Dieu.

Deux personnes amies ne deviendront jamais intimes si elles n'apprennent pas à communiquer avec le cœur, à parler entre elles, à passer du temps ensemble où leurs cœurs s'épanchent.

Vous qui avez cherché sans trouver la paix de l'âme, la joie parfaite, la sécurité et le bonheur, il y a espoir dans les eaux de la prière où Dieu ouvrira son cœur à votre cœur consacré et y déversera ses pensées profondes. Il a dit lui-même : « ***Priez afin que votre joie soit parfaite.*** » (Jean 16, 24)

La prière devient ainsi une réponse à un cœur assoiffé de Dieu.

Le culte personnel demande d'avoir un lieu intime, calme, agréable où nous désirons rester longtemps, où nous ne voyons pas le temps passer. L'objectif, c'est de rencontrer Dieu dont nous avons soif.

Psaumes 32 : « ***Tant que je me suis tu, mes os se consumaient, je gémissais toute la journée ; Car nuit et jour ta main pesait sur moi, ma vigueur n'était plus que sécheresse, comme celle de l'été.*** » Le psalmiste assoiffé de la présence de Dieu avait le cœur qui se consumait tant qu'il se taisait sans parler à Dieu, tant qu'il n'avait pas prié.

Psaumes 16 : « ***Je garde l'Éternel constamment devant mes yeux, quand il est à ma droite, je ne chancelle pas. Aussi mon cœur est dans la joie, mon esprit dans l'allégresse, même mon corps repose en sécurité.*** » La joie du psalmiste est dans la présence et tout son corps repose en sécurité. C'est lorsque nous contemplons le Seigneur constamment que nous sentons le bonheur de la vie, que nos cœurs sont en paix. C'est notre raison de vivre et nous ne pouvons vivre sans avoir le Seigneur devant nos yeux. Voilà un culte personnel qui a un sens, que Dieu attend de nous où nous venons étancher la soif que nous avons de rencontrer Dieu.

4. La consécration, le cœur du culte personnel

La consécration est l'acte par lequel une personne ou un objet est mis à part, séparé pour le service et le culte pour Dieu.

Une bonne prière ne peut partir que d'un cœur qui aime Dieu et qui s'est donné à lui entièrement.

Une causerie agréable, profonde et sincère ne peut être possible que lorsque les deux interlocuteurs se connaissent bien. Un culte agréable est le fruit de la connaissance de Dieu, non pas une connaissance intellectuelle et superficielle mais plutôt une relation personnelle, individuelle avec Dieu.

Pour cela, il faut que Dieu se révèle à l'homme et la prière vraie et sincère ne se basera que sur cette révélation. Cette prière ne sera pas une copie de la prière de quelqu'un d'autre, ni une récitation, elle ne proviendra pas d'un cœur hypocrite comme celle du pharisien. Cette prière ne sera pas un spectacle, ni une prétention, ni une apparence, elle coulera d'un cœur honnête et sincère devant Dieu basée sur cette révélation.

« ***Je vous exhorte donc, frères, par les compassions de Dieu, à offrir vos corps comme un sacrifice vivant, saint, agréable à Dieu, ce qui sera de votre part un culte raisonnable***. » Romains 12, 1.

L'apôtre parle du culte raisonnable ou agréable ou encore spirituel, en disant qu'il n'est possible que lorsque nous nous offrons en sacrifice à Dieu, lorsque nous nous consacrons à lui entièrement. Dieu se révèle et révèle sa volonté lorsque nous nous offrons en sacrifice.

Pour que notre culte personnel soit agréable à Dieu, nous devons lui être consacrés. Le culte qu'il agrée est conditionné par notre consécration. Avant d'agréer le sacrifice d'Abel, il a d'abord agréé Abel lui-même. Si Dieu nous agrée au travers de notre consécration, il agréera aussi nos prières.

Nous devons être des outres neuves pour contenir le vin nouveau qui plait à Dieu.

4.1. La prière, telle un parfum de bonne odeur

Dans le tabernacle, le parfum s'élevait de l'autel des parfums, autrement appelé autel d'or ou autel des prières, vers Dieu qui était derrière le voile dans le lieu très saint. La Bible révèle que ce parfum représente les prières des saints.

« ***Et un autre ange vint, et il se tint sur l'autel, ayant un encensoir d'or; on lui donna beaucoup de parfums, afin qu'il les offrît, avec les prières de tous les saints, sur l'autel d'or qui est devant le trône. La fumée des parfums monta, avec les prières des saints, de la main de l'ange devant Dieu.*** » Apocalypse 8, 3-4.

Quand nous prions, nous élevons vers Dieu un parfum, c'est la raison pour laquelle nous disons que nos prières, quel qu'elles soient, font plaisir au Seigneur. Chaque fois que nous prions, nous élevons vers le trône de grâce un parfum de bonne odeur. Dieu trouve du plaisir dans nos prières, il se plait à nous entendre prier.

Ce parfum cependant, selon la Bible, s'élevait de l'autel des parfums lorsque la cendre était déposée sur le feu ou la braise qui provenait de l'autel des holocaustes. Sur l'autel des prières, le sacrificateur mettait des charbons ardents sur lesquels il répandait la cendre odoriférante qui fera monter vers Dieu un parfum pour son plaisir.

« ***Tu placeras l'autel en face du voile qui est devant l'arche du témoignage, en face du propitiatoire qui est sur le témoignage, et où je me rencontrerai avec toi. Aaron y fera brûler du parfum odoriférant; il en fera brûler chaque matin, lorsqu'il préparera les lampes; il en fera brûler aussi entre les deux soirs, lorsqu'il arrangera les lampes. C'est ainsi que l'on brûlera à perpétuité du parfum devant l'Éternel parmi vos descendants. Vous n'offrirez sur l'autel ni parfum étranger, ni holocauste, ni offrande, et vous n'y répandrez aucune libation.*** » Exode 30, 6-9

Le parfum ne peut monter de dessus l'autel d'or que s'il y a les charbons ardents ôtés de dessus l'autel des holocaustes. Quand le sacrifice n'est pas offert, le parfum ne pourra pas monter.

L'holocauste est l'image de la consécration à Dieu et le parfum est l'image de la prière. Le processus du culte dans le tabernacle faisait qu'il fallait passer par l'autel des holocaustes avant d'entrer dans le lieu saint.

Nous comprenons que si nous ne nous consacrons pas entièrement à Dieu comme des holocaustes, nous ne pouvons offrir à Dieu un culte agréable.

4.2. L'holocauste

Le sacrifice d'holocauste est un sacrifice entièrement consumé par le feu, le sacrificateur n'en gardait aucun morceau. En tant qu'holocauste par excellence, Jésus-Christ s'est offert entièrement.

L'holocauste est l'ombre du sacrifice de Jésus-Christ. En tant que ses disciples, nous sommes appelés à le suivre sur le chemin de la Croix. Jésus lui-même disait que celui qui veut le suivre doit renoncer à lui-même, porter sa croix et le suivre. Le chemin de la Croix, c'est le chemin de la consécration, pas une consécration qui se limite aux lèvres mais plutôt une consécration de notre être tout entier.

Même quand plusieurs sacrifices étaient offerts, le sacrifice d'holocauste ne pouvait manquer. Dans la loi, c'est un sacrifice qui se faisait quotidiennement, chaque matin et chaque soir. C'est un sacrifice perpétuel, qui ne devait jamais manquer et qui était ainsi la base du culte rituel.

L'interruption du sacrifice perpétuel était considérée comme le plus grand malheur sur le peuple.

Dans le sacrifice d'holocauste, tout était consumé par le feu, l'animal était offert entièrement à Dieu. Ce type de sacrifice nous montre qu'il n'y a pas de consécration partielle, elle doit être totale.

Se consacrer est aussi bien expliquer par le verbe s'abandonner qui veut dire :

- S'abandonner signifie se quitter, se délaisser entièrement ;
- S'abandonner signifie encore s'exposer, se livrer et se mettre à la disposition de ;
- S'abandonner signifie enfin se remettre, se confier.

Les caractéristiques du sacrifice d'holocauste

- Un sacrifice de bonne odeur, volontaire et personnel. Une consécration totale, volontaire et personnelle.
- Un sacrifice quotidien, le matin et le soir. La vie de consécration est une vie de chaque jour, pas seulement au moment du culte.
- Un sacrifice perpétuel. Une consécration qui dure toujours, qui ne cesse pas. Une consécration permanente, continuelle.

C'est un sacrifice qui ne peut jamais manquer, la base du culte, le cœur du culte.

L'holocauste est la base désignée par Dieu et le moyen de s'approcher de lui dans le sanctuaire.

La consécration est la base désignée par Dieu et le moyen de tenir un culte personnel agréable à Dieu et qui fait son plaisir.

Dieu est jaloux, il veut un cœur qui lui est consacré entièrement, qui lui appartient pleinement. Il n'acceptera jamais un cœur partagé, ni un cœur qui se donne à lui juste au moment du culte. Il veut que tout le cœur soit uniquement à lui. Il veut d'un cœur consacré à 100% et n'acceptera pas un cœur consacré à 99,9%.

Un culte agréable est celui où nous nous offrons comme des holocaustes, des sacrifices vivant entièrement pour lui, pour son plaisir, pour sa gloire.

CHAPITRE VI : COMMENT MAINTENIR LA CONSCIENCE DE LA PRESENCE DE DIEU DURANT TOUTE LA JOURNEE

Contraint d'arrêter le moment de culte personnel car le soleil s'est levé, la journée a commencé, nous devons vaquer à nos occupations de la vie. Comment, cependant, garder cette conscience de la présence de Dieu que nous avions pendant le culte personnel ?Comment vivre tout au long de la journée avec la conscience d'être dans la présence de Dieu comme disait David dans le psaume 139, le psaume de la présence de Dieu.

Il sentait Dieu en lui, Dieu autour de lui, Dieu devant lui, Dieu derrière lui, Dieu au-dessus de lui, Dieu partout. Il situait Dieu dans son futur, en même temps dans son passé, et dans son présent.

Psaumes 139, 1-10 : « ***Éternel! Tu me sondes et tu me connais,***

Tu sais quand je m'assieds et quand je me lève,

Tu pénètres de loin ma pensée;

Tu sais quand je marche et quand je me couche,

Et tu pénètres toutes mes voies.

Car la parole n'est pas sur ma langue,

Que déjà, ô Éternel! Tu la connais entièrement.

Tu m'entoures par derrière et par devant,

Et tu mets ta main sur moi.

Une science aussi merveilleuse est au-dessus de ma portée,

Elle est trop élevée pour que je puisse la saisir.

Où irais-je loin de ton esprit, Et où fuirais-je loin de ta face?

Si je monte aux cieux, tu y es;

Si je me couche au séjour des morts, t'y voilà.

Si je prends les ailes de l'aurore,

Et que j'aille habiter à l'extrémité de la mer,

Là aussi ta main me conduira, Et ta droite me saisira. »

Pendant que lui avait cette conscience qu'il a exprimée dans ce psaume, plusieurs cependant ont souvent le sentiment de laisser Dieu sur la montagne, de le laisser dans la chambre de prière pour le retrouver le soir.

Nous voulons voir comment garder ce sentiment de l'avoir toujours avec nous même après avoir arrêté nos bons moments de culte personnel.

Après le culte personnel, Dieu ne reste pas ou ne nous laisse pas aller sans lui, il marche avec nous. Si le culte personnel s'est bien passé, il sera devant nous et nous conduira, il nous guidera, il ne nous abandonnera jamais comme nous, nous ne l'abandonnerons jamais.

Le culte personnel nous prépare à cette ambiance d'intimité et de communion avec Dieu tout au long de la journée.

Quelques habitudes à développer pour maintenir la conscience de la présence de Dieu tout au long de la journée :

1. La prière intérieure, parler à Dieu silencieusement

Nous pouvons maintenir une conversation constante avec Dieu durant toute la journée en parlant avec lui comme on parle avec un ami présent à nos côtés quoi qu'invisible mais présent par la foi. Il est possible de partager avec lui toutes les activités de la journée et toutes les pensées en nous.

Néhémie 2, 1-7 : « ***Au mois de Nisan, la vingtième année du roi Artaxerxés, comme le vin était devant lui, je pris le vin et je l'offris au roi. Jamais je n'avais paru triste en sa présence. Le roi me dit: Pourquoi as-tu mauvais visage? Tu n'es pourtant pas malade; ce ne peut être qu'un chagrin de cœur. Je fus saisi d'une grande crainte, et je répondis au roi: Que le roi vive éternellement! Comment n'aurais-je pas mauvais visage, lorsque la ville où sont les sépulcres de mes pères est détruite et que ses portes sont consumées par le feu? Et le roi me dit: Que demandes-tu? Je priai le Dieu des cieux, et je répondis au roi: Si le roi le trouve bon, et si ton serviteur lui est agréable, envoie-moi en Juda, vers la ville des sépulcres de mes pères, pour que je la rebâtisse. Le roi, auprès duquel la reine était assise, me dit alors: Combien ton voyage durera-t-il, et quand seras-tu de retour? Il plut au roi de me laisser partir, et je lui fixai un temps. Puis je dis au roi: Si le roi le trouve bon, qu'on me donne des***

lettres pour les gouverneurs de l'autre côté du fleuve, afin qu'ils me laissent passer et entrer en Juda. »

Néhémie, devant le roi qui lui pose une question à laquelle il devait répondre immédiatement, va à la minute adresser à Dieu une prière silencieuse avant de répondre, demandant certainement la direction divine dans sa réponse mais aussi la faveur du roi. Et sa prière fut exaucée. Il est donc possible d'associer Dieu en tout par une conversation intérieure, silencieuse pour les hommes mais audible pour Dieu.

Cette sorte de prière nous permet de parler avec Dieu en faisant nos achats, en conduisant notre voiture, en travaillant, en faisant n'importe quelle tâche. Elle nous permet d'intercéder pour notre interlocuteur sans qu'il le sache, de dire merci à Dieu d'une manière intime, de nous maintenir dans une intimité à deux tout au long de la journée, même lorsqu'il y a des gens autour de nous. Nous pouvons ainsi garder en nous le sentiment de la présence de Dieu car perdre ce sentiment est un malheur pour nous enfants de Dieu.

La prière ne s'arrête pas à s'agenouiller, à fermer les yeux ou à élever la voix vers le ciel mais elle englobe tout ce que nous faisons dans notre relation avec Dieu. Un geste, une parole, une pensée, une réflexion, quand ils proviennent du cœur, ils sont accompagnés d'un mot, d'une phrase vers le ciel.

La prière silencieuse devient une source auprès de laquelle nous pouvons puiser à n'importe quel moment, dans n'importe quelle circonstance. Elle est une source de paix et de réconfort car elle n'est pas un monologue mais plutôt une conversation, elle nous aide non seulement à parler à Dieu mais aussi à l'écouter nous parler.

Notre plus grand défi sera d'écouter la voix de Dieu au milieu d'une foule bruyante, de distinguer sa voix de tout le bruit autour de nous.

Pour celui qui a développé son intimité et son amitié avec Dieu, il lui sera facile de reconnaitre la voix de Dieu car Jésus lui-même disait que la brebis connait la voix de son berger, quelle que soit la manière de parler, le canal qu'il utilise, le ton qu'il prend, la brebis saura distinguer sa voix de celles des autres.

Le chrétien ne peut se passer de la prière, ce serait passer à côté de sa vie d'enfant de Dieu. La force, la vie, la joie et tout ce qui constitue la vie du chrétien se puise dans la prière. Elle peut ainsi être vue comme une source de la vie du chrétien. Nous devons considérer la prière au – delà des quelques formes de prière que nous connaissons. Le chrétien pense qu'il prie seulement quand il est soit à genoux, soit dans une position de concentration profonde loin de tout bruit. Pour certains même il leur faut se retirer des hommes pour se retrouver seul avec Dieu, ce qui n'est pas du tout mal, tous nous avons besoin des moments de solitude, de retraite pour comprendre certaines vérités cachées avec Dieu. Ce qui est normal même pour nous les humains, des fois nous avons besoin de partir loin des enfants avec sa femme ou son mari pour parler des choses importantes. Mais le problème c'est de croire que la prière se limite là. Il est important en tant que chrétien de comprendre que la prière c'est chaque instant de notre vie, parce qu'à chaque instant nous pouvons parler à Dieu et l'écouter nous parler. La prière doit nous accompagner dans notre relation avec Dieu. Tant qu'il est là, nous devons parler avec lui, pourtant il est là à chaque instant. Nous devons changer non nos habitudes pour être en prière sans cesse mais plutôt notre attitude dans nos habitudes.

Si Dieu nous accompagne dans notre service, dans notre chambre, dans notre douche, dans notre voiture, pendant que nous faisons nos achats, pourquoi ne parlons – nous pas avec lui pendant qu'il est là.

Moïse serait compris parce qu'il devait monter sur la montagne pour rencontrer Dieu, la montagne était son habitation. Daniel et les autres prophètes de l'ancienne alliance seraient compris, eux qui devaient aller au temple pour y rencontrer Dieu, le temple était aussi son habitation. Mais les fils du temps de la fin n'ont aucune excuse puisque pour eux Dieu habite en eux, ils n'ont aucun effort à fournir pour arriver où Dieu habite, leur corps étant l'habitation de Dieu.

Il est temps de vivre la prière sans cesse, une conversation permanente avec Dieu.

Prier, c'est maintenir une relation vivante et aimante avec Dieu, c'est aussi apprendre à se retirer au dedans de soi pour conquérir sa liberté intérieure et prendre de la distance avec les événements et ses propres émotions. Les circonstances et les temps n'auront pas de pouvoir sur nous, car nous sommes capables de nous tourner vers Dieu à chaque instant pour connaitre sa volonté, pour puiser sa paix, pour obtenir son pardon, pour trouver en lui un sujet de joie.

2. La méditation, centrer sa pensée sur la parole de Dieu

Josué 1, 8 : « ***Que ce livre de la loi ne s'éloigne point de ta bouche; médite-le jour et nuit, pour agir fidèlement selon tout ce qui y est écrit; car c'est alors que tu auras du succès dans tes entreprises, c'est alors que tu réussiras.*** »

Psaumes 1, 2 : « ***Mais qui trouve son plaisir dans la loi de l'Éternel, Et qui la médite jour et nuit!*** »

Psaumes 119, 148 : « ***Je devance les veilles et j'ouvre les yeux, Pour méditer ta parole.*** »

La méditation de la parole de Dieu nous est recommandée comme la voie de la réussite avec Dieu.

Pour maintenir le sentiment de la présence de Dieu, nous devons méditer la parole de Dieu tout au long de la journée.

Nous ne faisons pas allusion à la méditation de la Bible dans son vrai sens qui se fait lors du culte personnel.

Méditer veut dire :

- Réfléchir sur quelque chose, l'examiner mûrement, de manière à l'approfondir ;
- Centrer sa pensée, penser fortement sur quelque chose.

Pour maintenir le sentiment de la présence de Dieu, nous avons besoin de pratiquer la méditation de la parole de Dieu nuit et jour, tout au long de la journée et pendant la nuit.

Josué 1, 8 selon la version PDV dit : « ***Répète sans cesse les enseignements du livre de la loi, redis-le dans ton cœur jour et nuit.*** »

Méditer la parole de Dieu veut dire réfléchir avec force, centrer sa pensée, penser fortement à la parole de Dieu, se la redire dans son cœur.

Nous sommes appelés à concentrer notre pensée sur ce que Dieu nous a dit pendant le culte personnel. Si le culte personnel a été bien fait, nous avons entendu Dieu nous parler, ce qu'il nous a dit doit résonner en nous, avoir de l'écho tout au long de la journée. Le Saint – Esprit nous répète cette parole toute la journée.

Le psalmiste dit : « ***Je serre ta parole dans mon cœur, afin de ne pas pécher contre toi.*** » (Psaumes 119, 11). Le cœur reste attaché à la parole de Dieu, le cœur s'en nourrit, le cœur s'y abreuve, elle est une ressource et une source pour lui.

Un mot explique mieux cette méditation de la parole, ruminer, faire revenir les aliments de l'estomac à la cavité buccale pour les remâcher, penser et repenser à une chose. La parole de Dieu méditée pendant le culte personnel revient dans notre cœur et nous concentrons notre pensée sur elle.

Les bœufs mâchent les aliments et les avalent. Après un temps, ils retournent les aliments avalés dans la bouche pour les mâcher à nouveau. Nous plongeons notre regard lors de notre culte personnel et durant la journée dans la Parole de DIEU et cette parole continue à habiter nos pensées, elle demeure en nous.

L'apôtre Jacques compare celui qui ne pratique pas cette méditation à une personne qui après s'être regardé dans le miroir le matin, aussitôt oublie à quoi ressemble son visage.

Jacques 1, 23-25 : « ***Car, si quelqu'un écoute la parole et ne la met pas en pratique, il est semblable à un homme qui regarde dans un miroir son visage naturel, et qui, après s'être regardé, s'en va, et oublie aussitôt quel il était. Mais celui qui aura plongé les regards dans la loi parfaite, la loi de la liberté, et qui aura persévéré, n'étant pas un auditeur oublieux, mais se mettant à l'œuvre, celui-là sera heureux dans son activité.*** »

C'est un exercice d'une femme qui veut garder son visage beau, elle sort avec son miroir pour se mirer de temps en temps afin qu'à aucun moment elle ignore à quoi ressemble son visage.

Repensons fortement à la parole reçue lors de notre culte personnel, à n'importe quel moment, dans n'importe quelle circonstance, elle aura de l'impact sur nous, elle nous influencera, elle nous sanctifiera, elle nous arrosera, elle nous évitera de sécher, car celui qui la médite nuit et jour est comparé à un arbre planté près d'un courant d'eau dont le feuillage ne sèche point.

La parole de Dieu qui demeure en nous, c'est la présence de Dieu qui marche avec nous.

Pratiquons cette méditation, c'est le chemin du bonheur, la voie de l'exaucement du chrétien. «***Si vous demeurez en moi, et que mes paroles demeurent en vous, demandez ce que vous voudrez, et cela vous sera accordé.*** » (Jean 15, 7).

Que faire pour que la parole de Dieu occupe nos pensées fortement tout au long de notre journée?

a. Méditer la bible dans nos cultes personnels ;

b. Répéter sans cesse les enseignements ;

c. Lire et relire à haute voix la parole de Dieu ;

d. Partager la parole de Dieu avec les autres. « ***Que la parole de Christ habite parmi vous abondamment; instruisez-vous et exhortez-vous les uns les autres en toute sagesse, par des psaumes, par des hymnes, par des cantiques spirituels, chantant à Dieu dans vos cœurs sous l'inspiration de la grâce.*** » Colossiens 3, 16) ;

e. S'évaluer en fin de journée sur la mise en pratique de la parole.

Que la parole de Dieu habite pleinement dans nos cœurs car c'est de l'abondance du cœur que la bouche parle.

3. Chanter des cantiques pour Dieu

Je définis chanter comme le fait de s'exprimer sur une mélodie musicale.

Il y a d'une part les paroles exprimées dans le chant et d'autre part la mélodie musicale. Lorsque nous enlevons la mélodie, il n'en restera que de simples paroles qui sont une expression d'une pensée.

Chanter, c'est s'exprimer sur une mélodie musicale. Cependant plusieurs chantent sans s'approprier les paroles de la chanson. Pour nous chrétiens, nous sommes appelés à toujours tenir compte des paroles des chansons que nous chantons. Une chanson chantée doit être l'expression personnelle du cœur, car une chanson ne se chante pas seulement pour le plaisir de chanter.

Comme dans la plupart des cas, les chansons s'adressent à Dieu, lorsque nous chantons, nous nous exprimons devant Dieu, nous parlons avec lui, nous nous adressons à lui directement. En chantant, nous pouvons donc maintenir une conversation permanente avec Dieu.

Chanter est un moyen de parler à Dieu, l'écouter nous parler et aussi parler de lui aux autres partout où nous pouvons nous trouver.

Psaumes 96, 1-4 : « ***Chantez à l'Éternel un cantique nouveau ! Chantez à l'Éternel, vous tous, habitants de la terre ! Chantez à l'Éternel, bénissez son nom, Annoncez de jour en jour***

son salut ! Racontez parmi les nations sa gloire, Parmi tous les peuples ses merveilles ! Car l'Éternel est grand et très digne de louange, Il est redoutable par-dessus tous les dieux. »

Dans ce psaume, le psalmiste nous invite à chanter à l'Eternel parmi les nations à son sujet.

Ce que chanter peut nous apporter :

- Chanter nous aide à parler à Dieu ;
- Chanter nous aide à écouter Dieu nous parler ;
- Chanter nous aide à parler de Dieu ;
- Chanter nous apporte la joie et nous aide à l'exprimer ;
- Chanter nous redonne l'espérance ;
- Etc.

Les conditions pour qu'une chanson maintienne en nous la conscience de la présence de Dieu :

- Un cantique qui parle à Dieu ou un cantique où Dieu parle aux hommes ou encore un cantique qui parle de Dieu ;
- La pureté du cœur de celui qui chante ;
- L'intimité de celui qui chante avec celui pour qui on chante, l'intimité de l'adorateur avec Dieu ;
- Des fois quand la chantée est liée à une expérience vécue avec Dieu ;
- Que le cantique soit inspiré de Dieu (quand c'est le Saint Esprit qui met le cantique sur nos lèvres, par exemple lors du culte personnel, ce cantique nous bénit plus).

Le berger en Israël conduisait ses brebis en chantant, les brebis entendent la voix de leur berger, elles suivent la voix du berger, ils ne suivent pas un autre car elles reconnaissent la voix de leur berger.

Jean 10, 2-5 dit : « ***Mais celui qui entre par la porte est le berger des brebis. Le portier lui ouvre, et les brebis entendent sa voix; il appelle par leur nom les brebis qui lui appartiennent, et il les conduit dehors. Lorsqu'il a fait sortir toutes ses propres brebis, il marche devant elles; et les brebis le suivent, parce qu'elles connaissent sa voix. Elles ne suivront point un***

étranger; mais elles fuiront loin de lui, parce qu'elles ne connaissent pas la voix des étrangers. »

Le portier ouvre la porte au berger, les brebis entendent sa voix, il les conduit dehors, il se met à marcher devant elles et elles le suivent parce qu'elles connaissent sa voix. Que Dieu mette dans nos cœurs une chanson tous les matins qui nous rassure tout au long de la journée de sa présence même quand nous traverserons la vallée de l'ombre de la mort.

CHAPITRE VII : CONCLUSION

Comme Jésus, trouvons-nous un lieu et une heure de rendez-vous avec Dieu pour rendre un culte en son honneur, nous plonger dans ses profondeurs, rapprocher nos oreilles de son cœur, l'écouter parler, le laisser nous conduire afin d'expérimenter la vraie vie chrétienne.

Pendant nos cultes personnels, vidons nos cruches, allons à la source les remplir de la nature de Dieu, sa vie, son amour, sa pensée, sa volonté, sa joie et sa paix.

Le Fils de Dieu a donné Sa vie pour rendre cette vie d'intimité entre l'homme et Dieu possible. Il tient à nous voir à notre lieu de rendez-vous. Il a frappé Pharaon et toute son armée qui empêchaient ce rendez-vous avec Dieu sur la montagne de Sinaï.

Il a tout préparé, tout apprêté pour que le culte personnel soit un rendez-vous du donner et du recevoir, Il ne nous laisse jamais partir de notre rendez-vous la cruche vide, Il la remplit pour que nos journées soient des sujets de joie et d'allégresse, pour que le bonheur et la grâce nous accompagnent, pour que notre relation avec Lui soit de plus en plus profonde, pour que nous soyons un avec Lui, nous ayons une même pensée, une même parole, une même volonté, un même sentiment.

Entrons dans Son intimité pour nous donner à Lui, nous consacrer à vivre pour Lui, pour Son plaisir et recevons de Sa part instructions, directives, conseils, force, secrets et stratégies pour mener une vie de victoire, une vie de succès qui manifeste Sa gloire (de DIEU) dans nos journées.

Dieu nous attend, retrouvons-Le dans la chambre d'intimité chacun pour sa part.

BIBLIOGRAPHIE

Rick Warren, *Méthodes d'étude de la Bible*, La Maison de la Bible, 2010

Webographie

- https://dominiqueangers.toutpoursagloire.com
- http://www.servir.caef.net/?p=6735
- https://www.gospelmag.fr/blog/5-astuces-pour-tirer-le-meilleur-de-son-culte-personnel
- https://evangile21.thegospelcoalition.org/book-review/culte-personnel-selon-martin-luther/
- https://evangile21.thegospelcoalition.org/book-review/culte-personnel-selon-martin-luther/
- https://evangile21.thegospelcoalition.org/book-review/culte-personnel-selon-martin-luther/
- https://www.topchretien.com/la-pensee-du-jour/le-culte-personnel-un-privilege/
- https://emcitv.com/bible/strong-biblique-grec-elpizo-1679.html

Table des matières

Printed by Books on Demand GmbH, Norderstedt / Germany